KB085184

_____ 님께
....

....

....
드립니다.
....

명견만리 새로운 사회 편

명견만리

지금까지 경험하지 못한 새로운 사회를 말하다

• 정치, 생애, 직업, 탐구 편 •

KBS 〈명견만리〉 제작팀 지음

INFLUENTIAL
인 플 루 엔 셜

함께 생각하면
더 많이 달라질 미래

'우리 사회의 절박한 미래 이슈를 다루겠다'는 야심 찬 포부를 가지고 시작한 지 만 2년여. 그동안 〈명견만리〉는 시청자와 독자로부터 분에 넘치는 사랑을 받았다. 〈명견만리〉가 제기한 '인구 감소', '일자리 감소', '중국의 부상', '김영란법', '4차 산업혁명', '청년과 베이비부머의 미래' 같은 이슈들이 세간의 화제가 되면서 우리 사회의 절박한 어젠다를 효과적으로 공론화했다는 평이 이어졌다. 가볍지 않은 주제임에도 〈명견만리〉 녹화 스튜디오는 입소문을 듣고 찾아오는 방청객으로 늘 만원이었다. 방송이 끝난 뒤에는 방송 내용을 바탕으로 토론과 독서모임이 이어졌다. 예전에는 소수 엘리트 집단이 독점해오던 이슈들을 대중의 장으로 끌고 나와 공론화시킴으로써 이른바 시민적 담론의 가능성을 높인 것이다.

〈명견만리〉는 어쩌다 이렇게 우리 사회의 뜨거운 공론장 역할을 하게 되었을까? 아마도 우리가 인류 역사상 가장 흥미로운 시대에 살고 있기 때문일 것이다. 오늘날 세계는 저출생과 성장동력의 감소, 부의 집중과 양극화 등 공통의 문제를 앓고 있지만, 동시에 그 문제를 해결할 수 있는 진보한 기술 또한 갖고 있다. 이미 컴퓨팅, 센서, 인공지능과 유전공학이 산업 전반과 일상생활을 송두리째 바꿔놓기 시작했다. 알파고, 3D프린터, 4차 산업혁명 등 새로운 조류가 밀려들면서 상상과 현실의 접점이 커지고 있다. 이러한 급격한 변화를 겪으면서 우리가 의지했던 낡은 가정들은 더 이상 유용하지 않게 되었다. 그래서 〈명견만리〉는 묻는다. 지식의 빅뱅 속에 인류 앞에 펼쳐질 불안한 미래는 우리에게 위기일까 기회일까?

이런 상황에서 밝은 눈(明見)으로 만 리(萬里) 앞날을 미리 내다볼 수 있다면 얼마나 좋을까. 먼 미래가 아니더라도 일 년 후, 아니 단 한 달 앞이라도 내다볼 수 있다면 우리 삶은 그야말로 180도 달라질 것이다. 하지만 내일은커녕 당장 한 시간 앞의 미래도 알 수 없는 것이 바로 인간이다. 명견만리(明見萬里)라는 생소한 사자성어를 프로그램 이름으로 삼은 것은 그런 절박한 열망을 담아내고자 했기 때문이다.

현실을 사는 우리가 미래를 훤히 들여다볼 수는 없겠지만, 미래를 만들어가는 데 필요한 지혜와 통찰은 갖출 수 있다. 인류가 겪는 공통의 문제에 관해, 우리뿐 아니라 다른 공동체가 모색한 해답을 발견하고자 전 세계 6대륙 20개국 이상을 취재했다. 또 국내외 지식인과 각계각층의 전문가뿐 아니라, SNS 등으로 촘촘하게 엮인 생각의 망을 통해 대중의 지혜를 들여다보고자 했다. 생각을 모으면 길이 보인다. 인류의 역사가 그래왔던 것처럼, 이제껏 경험해보지 못한 초유의 변화도 머리를 맞대고 함께 풀어갈 수 있다.

그동안 〈명견만리〉는 경제, 인구, 기술 등 가까운 일상의 풍경부터 우리가 쉽게 접하지 못하거나 예상하지 못하는 이슈들까지 많은 주제를 다뤘다. 그 과정을 통틀어 보며 제시하고 싶은, 미래의 가장 중요한 키워드가 있다. 바로 '공존'과 '공생'이다. 타인과 소통하고 협력함으로써 만들어내는 새로운 가치 그리고 이를 독점하고 사유화하는 것이 아니라 끊임없이 나누려는 자세야말로 불안한 미래를 준비하는 최고의 덕목일 것이다. 〈명견만리〉가 이 오랜 인류의 지혜를 담아내는 그릇이 될 수 있기를 바란다.

· · ·

《명견만리: 인구, 경제, 북한, 의료 편》과 《명견만리 미래의 기회 편: 윤리, 기술, 중국, 교육 편》은 전국 서점 베스트셀러에 오르며 많은 사랑을 받고 있다. 〈명견만리〉가 미래를 위해 던진 화두에 독자들이 화답한 덕분이 아닐까 한다.

이번 '새로운 사회' 편은 정치, 생애, 직업, 탐구 주제를 다루고 있다. 먼저 정치 파트에서는 전 세계에 불어닥치는 시민 직접 참여 열풍과, 갈등을 해결하고 사회적 합의를 이끌어내는 기술 등을 통해 개인의 일생에 엄청난 영향을 미치는 정치 시스템의 변화를 다룬다.

생애 파트에서는 장수혁명 시대에 필요한 생애지도를 제안하고, 우리 삶에 새롭게 등장한 '제3연령기'를 사는 대비책을 고민한다.

직업 파트에서는 정해진 일자리가 아닌 새로운 일자리를 만들기 위한 전혀 다른 선택을 알아보고, 660만 자영업자의 미래를 바꾸는 경제 생태계를 제안한다.

이어지는 탐구 파트에서는 인간을 인간답게 하는 특징이자 한 사회의 성장을 이끄는 호기심의 가치를 조명한다. 또한 데이터 마인드와 컴퓨터적 사고력 등 개인에게 새롭게 요구되는 자질에 대해 살피고, 데이터 빅뱅 시대를 헤쳐나갈 혜안을 제시한다.

· · ·

〈명견만리〉가 강연과 다큐를 결합한 렉처멘터리(Lecture+Documentary)를 지향하고 있기에, 제작진은 한 편의 프로그램을 위해 적게는 두 달, 많게는 다섯 달에 걸쳐 저인망식으로 자료조사와 취재를 진행했다. 이 책은 PD와 작가, 리서처 등 50여 명의 제작진이 쏟은 치열한 노력의 조각을 쓸어 담은 결과물이다. 미래 이슈를 취재하면서 제작진이 느낀 절박한 심정들 그리고 TV 매체의 속성상 미처 담지 못한 취재의 뒷이야기까지 보탰다.

〈명견만리〉는 제작진의 힘만으로 만드는 것이 아니다. 햇수로 3년째 방송되기까지 특별하고 재능 있는 많은 분들의 헌신과 노력이 있었다. 통찰을 담은 강연은 물론 바쁜 일정을 쪼개 국내외 현장 취재를

마다 않는 '프레젠터'들과, 때로는 날카롭고 때로는 공감 가득한 질문으로 토론의 장을 이끄는 2만여 명의 자발적 방청객인 '미래참여단'은 〈명견만리〉의 자랑이자 생명과 같은 존재다. 이분들의 적극적인 참여가 없었다면 오늘의 〈명견만리〉는 결코 존재할 수 없었다.

200여 명의 열성 서포터즈와 전국 10만여 명의 SNS 회원들 그리고 〈명견만리〉를 활용한 강의를 개발하여 이 콘텐츠의 교육적 가치를 새롭게 발견해준 호서대학교에도 감사드린다. 프로덕션 '쟁이'의 노고에도 고마운 마음을 전한다.

· · ·

미래는 무엇일까? 미래는 땅 위의 길과 같다고 생각한다. 원래 땅에는 길이 없었지만 가는 사람이 많아지면 길이 되는 것처럼, 미래 역시 우리가 함께 만들어가는 것이다. 이번 책 《명견만리: 새로운 사회 편》에는 제작진과 프레젠터, 미래참여단과 서포터즈, 시청자와 일반 대중이 함께 만들어갈 우리의 미래를 담았다. 이 책이 미래를 준비하는 모든 이들에게 길잡이가 될 수 있다면 좋겠다. 책을 읽는 분들이 제작진이 느꼈던 통찰과 영감의 작은 단서를 얻기 바란다. 두려운 미래를 희망의 기회로 함께 바꿔나갈 수 있도록 말이다.

송웅달 KBS 〈명견만리〉 책임프로듀서

1부 – 정치 Politics

매년 국민투표는 네 차례, 지자체 주민투표는 20여 차례나 실시하는 스위스. 심지어 2027년에 결정될 핵폐기장 부지 선정을 위해 2015년부터 12년 동안 매년 50회씩 토론회를 연다. 다수의 힘으로 미래를 바꾸기 위한 합의의 기술. 엄청난 규모의 갈등비용을 치르지 않으려면 이 기술을 배워야 한다.

패권주의와 인종차별을 내세운 미국 트럼프 대통령의 당선. 젊은이들의 미래를 뺏는다는 비판에도 불구하고 통과된 영국 브렉시트. 과연 시민이 어리석은 것일까. 그러나 부패한 절대권력인 대통령을 평화적인 시위로 끌어내린 것도 결국 시민의 힘. 세계 곳곳에서 점점 강렬해지는 정치 참여의 열망. 기성 정치는 도저히 따라올 수 없는 새로운 정치 시스템이 도래하고 있다.

2부 — 생애 Lifetime

100명 중 40명이 100세 이상 사는 삶을 축복이 아니라고 답했다. 100명 중 60명은 80~89세까지만 살고 싶다고 답할 정도다. 그러나 이미 일본에서 가장 많은 사람들이 사망하는 연령대가 92세를 돌파한 지금, 120세 시대는 내 눈앞의 현실로 다가왔다. 이제 생애주기를 유년기·성인기·노년기로 나눌 것이 아니라 4등분하라.

편의점 아르바이트생은 여든의 할아버지. 장애 아이들을 가르치는 체육 선생님도 할아버지. 이 동네에 사는 대학생들은 어르신들에게서 반찬을 얻어가는 게 일상. 죽을 때까지 스스로의 힘으로 주위 사람들에게 도움이 되는 인생을 사는 것. '셀프부양' 시대는 어떻게 가능할까.

3부 – 직업_{Job}

4부 – 탐구 Research

그 대학의 연구실에는 '교수님'이라는 호칭이 없다. 실험에 필요한 장비는 연구원들이 직접 아이디어를 내고 손수 제작하여 사용한다. 이 모든 것이 단 하나를 보호하기 위한 것이다. 그 것은 바로 인간을 인간답게 하는 능력, 호기심이다. 이 대학에서만 여섯 명의 노벨상 수상자 가 나온 데는 이유가 있다.

세계 최대 인터넷 화상통신 스카이프, 해외 송금 서비스의 혁신 트랜스퍼와이즈. 전 세계를 주름잡는 스타트업들이다. 이들이 탄생한 곳은 남한의 절반 크기에, 서울 인구의 8분의 1밖에 되지 않는 아주 작은 나라 에스토니아. 한때 대부분의 집에 전화기도 없을 만큼 가난했던 이 나라가 어떻게 4차 산업혁명을 이끄는 디지털 강국이 될 수 있었을까.

1부

정치

Politics

明見萬里

1 장

당신은 합의의 기술을
가졌는가

—

기하급수적으로 늘어나는 갈등비용,
우리는 선과 악의 대립에서 벗어날 수 있는가

스위스에서는 국민투표를 매년 네 차례나 실시한다.

지자체에서는 매년 20여 차례의 주민투표를 실시한다.

2027년에 결정될 핵폐기장 부지 선정을 위해

2015년부터 12년 동안 매년 50회씩 토론회를 연다.

한 사회의 일원으로 태어나, 한 사회의 일원으로

죽을 때까지 배우는 합의의 기술.

당신은 합의의 기술을
가졌는가

기하급수적으로 늘어나는 갈등비용,
우리는 선과 악의 대립에서 벗어날 수 있는가

12년 동안 토론하는
스위스의 놀라운 합의 기술

—

　전 세계 수많은 나라 중 스위스는 여러 면에서 선망의 대상이다. 그 중 2016년 OECD(경제협력개발기구)에서 발표한 어느 보고서에서도 스위스는 1위를 차지했다. 〈한눈에 보는 사회상〉이라는 이 보고서는 회원국들의 사회적 안정성과 통합성을 종합적으로 비교 분석한 것으로, 〈고용전망보고서〉와 더불어 사회적 지표들을 살펴보는 주요 자료로 활용된다. 사회 통합이 유지되기 위해서는 타인과 공적 기구에 대한 신뢰가 필요하다. 타인에 대한 신뢰도가 가장 높은 국가는 덴마크였고, 정부에 대한 신뢰도는 스위스가 77퍼센트로 가장 높았다. OECD 평균이 46퍼센트인 데 비하면 압도적인 수치다.

스위스 국민들이 그토록 정부를 신뢰하는 이유는 무엇일까. 두 가지로 압축할 수 있다. 투명한 정부 운영과 주민참여제도다. 스위스는 일종의 직접 민주주의를 시행하는 나라다. 국가나 지역의 주요 정책 현안이 있을 때는 반드시 주민의 의사를 직접 물어 결정한다. 매년 연방정부 차원에서 4회 정도의 국민투표가 실시되고, 기초자치단체인 코뮌〔군(郡)〕이나 상급 자치단체인 캔톤〔주(州)〕에서도 20회 정도의 주민투표가 실시되고 있다. 투표가 반상회보다 더 자주 이루어지고, 주민투표제, 주민소환제, 주민소송제, 주민청구제, 주민참여예산제 등 여러 제도가 상시적으로 운영된다.

많은 사람이 저마다의 주장을 펼치면 합의점을 찾기가 어렵고, 오히려 갈등만 더 깊어지지 않을까. 이에 대한 답을 찾기 위해 우리 사회에서도 첨예한 이슈인 사용후핵연료 처리 문제를 스위스의 국민들이 해결해나간 과정을 살펴보자.

스위스는 세계적인 난제인 핵폐기장 문제를 사회적으로 합의한 나라다. 2015년 스위스는 사용후핵연료 최종처분장 후보지로 취리히 노르드오스트와 주라오스트를 선정했다. 2011년 처음 후보지로 선정된 이후부터 지금까지 두 지역에서는 열띤 논의가 진행 중이다.

노르드오스트에서 20년간 목축업을 해온 마틴 오트 씨는 깨끗한 자연에서 소를 키워야 하기에 최종처분장을 받아들일 수 없다고 강조한다. "농장이 있는 지역에 사용후핵연료 처리장을 지으려고 해요. 그래서 제가 정치에 뛰어들어야 했죠. 핵시설에 늘 반대해왔던 조직과 함께 이곳에 반핵단체를 만들었습니다."

마틴 씨는 반핵단체에서 활동하면서 사용후핵연료 문제를 논의하는 지역위원회에도 적극 참여한다. "지역위원회에는 원자력발전소, 지자체, 정부 관계자들 그리고 지역 정치가들이 다 같이 참어해요. 저는 결국 해결책을 찾을 거라는 희망을 갖고 있습니다."

또 다른 후보지역인 주라오스트에서도 주민토론회가 운영된다. 이 자리에는 방사성 폐기물 관리기관인 나그라(NAGRA)의 협상전문가도 참석한다. 그는 수년째 마을 주민들과 소통하며 구체적인 의견을 듣고 있다. "주민들을 설득하기 위해서는 주민들을 만나 관심사, 요구, 걱정을 직접 들으며 대화로 풀어나가는 과정이 꼭 필요합니다. 그렇지 않으면 설득할 수 없습니다."

토론회는 한 해 50회 이상 열린다. 이 자리에서는 최종처분장을 어떻게 건설할지, 안전하게 운영하기 위해 어떤 방안을 찾고 있는지 등 주민들과 전문가 사이에 다양한 질문과 답변이 오간다. 지역 주민인 롤프 슈미트 씨는 무조건 반대만 하지는 않을 것이라고 말한다.

"항상 자기만 옳다고 싸운다면 절대 답을 찾을 수 없습니다. 모든 정보를 정확히 검토한 뒤 이곳에 사용후핵연료 처리시설을 세우는 게 가장 좋은 답이라면, 저는 반대하지 않을 것입니다. 그렇지만 그 전까지는 어떤 것이 가장 좋은 해결책인지 계속 찾을 것입니다."

스위스는 2027년 국민투표로 최종처분장 부지를 확정할 계획이다. 무려 12년 동안의 합의 과정을 염두에 두고 있는 것이다.

합의 기간도 놀랍지만 더 놀라운 것은 처분장 건설을 찬성하는 쪽이든 반대하는 쪽이든, 부지 선정 과정이 '공정'하다고 생각한다는 점이다. 스위스 정부의 기본 방침은 '주민이 납득하지 않으면 어떤 정책도 일방적으로 진행하지 않는다'는 것이다. 이 원칙을 바탕으로 정부는 마을의 몇몇 대표가 아닌 주민 전체와 수시로 공청회를 갖고, 주민 눈높이에 맞춰 정보를 제공하는 등 끊임없이 대화하고 소통하려고 노력한다. 신뢰를 바탕으로 한 소통과 투명한 정보 공개만이 갈등을 해결한다고 믿기 때문이다.

갈등은 곧 돈이다

—

민주주의 사회에서 갈등은 자연스러우며 건강한 현상이다. 가정, 학교, 직장에서 우리가 맺는 모든 관계 속에 갈등이 있다. 인간은 숱한 갈등을 동력으로 삼아 사회를 발전시켜왔다. 갈등은 발전의 '성장통'인 셈이다. 물론 갈등을 잘 관리한다는 전제하에 말이다. 만약 갈등이 장기화되거나 빈번하게 발생하도록 내버려 둔다면 막대한 갈등비용이 발생한다. 관리되지 못한 갈등은 성장을 저해하는 핵심 요인이다.

문제는 우리 사회가 갈등이 발생했을 때 토론을 통해 해결하고 관리하기보다는, 억누르고 금기시하고 빨리 결론지으려는 경향이 짙다는 것이다. 그러다 보니 오히려 작은 대립도 걷잡을 수 없이 커지곤 한다. 밀양 송전탑 공사, 제주 해군기지 건설, 평택 주한미군 이전 등 나라를 양분시킬 정도로 극심했던 갈등도 처음에는 작은 대립에서 시작했다. 하지만 갈등이 조기에 해소되지 못하면서 갈등이 커지고 장기화되어 갈등비용이 기하급수적으로 증가했다.

우리 사회에서 갈등을 적절히 관리하지 않을 때, 갈등은 어떻게 증폭되며 그로 인한 사회적 비용은 얼마나 될까? 작은 의견충돌로 인한 노사갈등이 공공의료 논쟁으로까지 비화한 청주시 노인전문병원 사례를 통해 확인해보자.

지난 2009년 청주시는 국비 100억 원과 세금 57억 원을 들여 노인병원을 신축했다. 저소득층 노인을 위한 공공의료시설이었다. 노인병원을 신축한 청주시는 경영을 전문 의료재단에 위탁했다. 질 좋은 공공의료 서비스를 제공한다는 명분이었다. 하지만 개원 6년 만인 2015년 6월 노사 간 갈등관리 실패로 병원이 문을 닫고 말았다. 이후 노조와 청주시가 합의점을 찾지 못하면서 노인병원 사태는 점점 더 깊은 수렁으로 빠져들었다.

시작은 근무교대 방식에서 비롯된 병원과 노조의 비교적 작은 갈등이었다. 그런데 운영재단이 노조원을 해고하면서 갈등이 커졌다. 노조는 파업으로 맞섰고, 병원은 폐업으로 응수하며 갈등이 더욱 증폭되었다. 이후 노조는 청주시에 갈등해결을 촉구하며 시청 앞에 천막을 치고 노숙농성에 돌입했다. 이 과정에서 시민사회단체가 연대하였고, 갈등은 공공병원을 잃어버린 시민들에게로 퍼지며 공공의료 논쟁으로까지 비화하였다.

문제는 갈등이 곧 비용으로 직결된다는 사실이다. 병원 폐업으로 노동자들은 임금을 못 받게 되었고, 병원을 이용하던 저소득층 노인들은 저렴한 비용으로 양질의 의료서비스를 받을 수 없게 되었다. 또한 갈등이 증폭되면서 병원을 넘어 인근 상권, 나아가 청주시 전체가 경제적 피해를 입었다.

삼성경제연구소에 따르면, 우리나라는 1인당 GDP의 27퍼센트를 갈등비용으로 지출한다. 이를 계산해보면, 모든 국민이 사회갈등으로 매년 900만 원씩 꼬박꼬박 손해 보는 셈이다. 국가 전체로 따지면 그 비용이 무려 82조 원에서 최대 246조 원에 이른다. 한 해 국가예산의 60퍼센트에 이르는 금액이 갈등비용으로 낭비되는 것이다.

청주시 노인전문병원 사태도 마찬가지다. 갈등이 길어지면서 손실비용도 매일 불어났다. 이것은 청주시라는 공동체가 함께 지불해야 하는 사회적 비용이다. 무엇보다도 노인들을 위한 전문병원이라는 하나의 목표로 뭉쳤던 공동체의 붕괴는 추산 자체가 불가능한 막대한 손실이다. 근무교대 방식이라는 충돌을 해고로 대응했다는 것은, 그 공동체가 갈등을 해결할 의지도 능력도 없었다는 것을 의미한다. 이렇게 시작된 균열이 파업, 폐업, 농성, 분신 시도라는 극단적인 갈등으로 걷잡을 수 없이 증폭되면서 순식간에 공동체는 붕괴되어 버렸다.

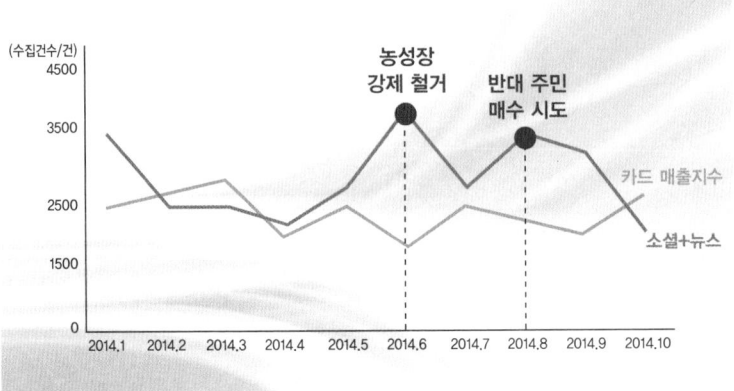

밀양시를 중심으로 갈등의 증폭과 인근 상권의 매출액 상관관계를 조사한 결과, 갈등이 증폭될 때마다 카드 매출액이 급격히 줄어드는 현상을 확인할 수 있다.

한 작은 마을의 갈등이 국가 전체의 갈등으로 커질 수 있음을 보여 준 경우도 있다. 밀양 송전탑 사례가 그것이다. 10년 동안 지속된 갈등으로 인해 경제적인 피해도 막대했다. 밀양시를 중심으로 갈등의 증폭과 인근 상권의 카드 매출 상관관계를 살펴보면 유의미한 결과를 확인할 수 있다.

농성장 강제 철거, 반대 주민 매수 등 갈등이 증폭될 때마다 이 지역의 카드 매출액이 급격히 줄어들었다. 작은 마을에서 시작된 갈등이 밀양시 전체를 위협하는 사회문제로 확대된 것이다. 여기에 더해 갈등으로 인한 직간접적 비용 손실도 눈덩이처럼 불어났을 것이다.

세계적인 경제학자 대니 로드릭은 사회발전의 필수요소로 갈등관리

26

능력을 꼽는다. 그는 저서 《더 나은 세계화를 말하다》에서, "사회갈등은 불확실성을 높여 생산적인 경제행위를 억제하는 데다, 경제행위에 써야 할 자원을 분산"시킨다고 주장했다.

한국의 경우 갈등수준은 높고, 갈등을 관리하는 역량은 현저히 낮다. 2013년 삼성경제연구소에서 국가가 가지고 있는 다양한 갈등의 요인과 잠재적 크기를 조사해 수치로 나타낸 결과, 우리나라는 OECD 27개국 가운데 두 번째로 갈등지수가 높게 나타났다. 1위인 터키가 종교분쟁을 겪는 예외적인 상황이라는 점을 고려한다면, 사실상 사회갈등이 세계에서 가장 높게 나타난 것이다.

그런데 갈등관리지수는 OECD 34개국 가운데 27위에 그쳤다. 우리나라보다 경제적으로 훨씬 더 어려운 슬로베니아나 비슷한 규모의 스페인보다도 갈등관리 역량이 현저히 떨어졌다.

만약 우리 사회가 갈등관리에 결국 실패한다면 어떤 일이 벌어질까? 우리나라보다 갈등관리지수가 낮은 나라 가운데 이탈리아가 있다. 특히 남부지방은 유난히 일자리 문제나 노사갈등이 심각하다. 갈등관리 실패로 위기를 맞게 된 이탈리아 남부에서 우리의 미래를 가늠해보자.

갈등관리 실패로 위기를 맞은 이탈리아

20대 후반의 다리오 씨는 퇴직한 아버지의 집에서 재취업을 준비

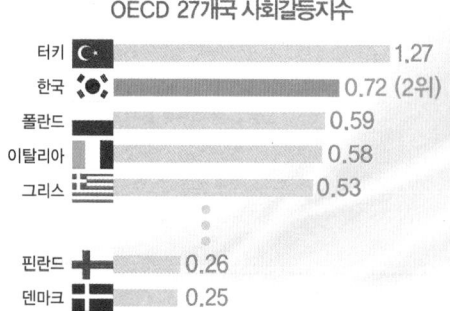

OECD 27개국 사회갈등지수

터키		1.27
한국		0.72 (2위)
폴란드		0.59
이탈리아		0.58
그리스		0.53
핀란드		0.26
덴마크		0.25

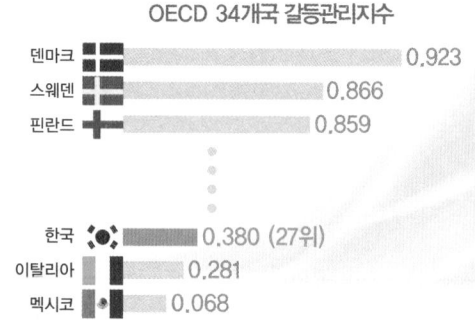

OECD 34개국 갈등관리지수

덴마크		0.923
스웨덴		0.866
핀란드		0.859
한국		0.380 (27위)
이탈리아		0.281
멕시코		0.068

하고 있다. 하지만 지금 이탈리아 남부에서는 일자리를 찾기가 하늘의 별 따기다. 장기간 경기침체로 고용은커녕 문 닫는 기업이 속출하고 있기 때문이다.

"저는 몇 년간 북부의 은행에서 계약직으로 일하다가 고향으로 돌아왔어요. 지금 나폴리에서 취업 준비를 하고 있지만 이곳에는 일자리가 적습니다. 캄파니아 주는 청년실업률이 높은 지역 중 하나예요. 40퍼센트가 넘죠. 중앙정부 및 지자체에서 청년들을 위한 올바른 직업훈련과 교육에 투자하지 않기 때문에 생긴 일이에요. 청년들이 할 줄아는 게 없습니다."

2015년 유럽연합의 조사에 따르면, 이탈리아 청년의 절반 이상이 다리오 씨처럼 부모와 함께 사는 것으로 집계됐다. 대부분 경제적으로 독립이 어렵기 때문이다.

이탈리아 북부에 비해 가뜩이나 가난한 남부는 글로벌 경제위기로 직격탄을 맞았다. 기업들은 대대적인 구조조정을 시작했고, 실업률이 치솟으면서 노사갈등이 들불처럼 번졌다. 이탈리아 최남단 시칠리아 섬에 위치한 피아트 자동차 생산공장 역시 경제위기의 칼날을 피하지 못했다.

회사는 구조조정을 둘러싸고 노조와 강도 높은 협상을 시작했다. 피아트 최고 경영자 세르조 마르키온네는 완강했다. "열 명의 노동자 중 한 명이 회사 전체를 좌지우지하려고 한다. 피아트가 이 소수 독재자들에 의해 피해를 당할 수는 없다." 그에 맞서 노조 또한 극렬히 저항했다. 노동자와 회사 모두 한 발도 물러서지 않은 채 팽팽하게 맞섰고, 합의에 실패했다. 결국 좁혀지지 않던 노사갈등은 36년 만의 공장폐쇄로 끝이 났다. 시칠리아 피아트 공장의 폴란드 이전이 결정된 것이다. 공장이 문을 닫자 하루아침에 무려 1400여 명의 실업자가 발생했다.

경제위기 이후 이탈리아 남부 캄파니아 주에서만 4000여 개의 기업이 문을 닫았다. 수많은 일자리가 단기간에 사라졌고, 일자리와 함께 희망도 사라졌다. 볼로냐 대학교의 마르코 카자르 교수는 갈등관리 실패의 원인으로 신뢰성 부족을 꼽는다. "이탈리아 남부는 시민들 상호 간의 신뢰도가 낮습니다. 공공자산이나 공동자산을 생산하는 데 많이 힘들어하고, 서로 협력하는 걸 힘들어합니다."

남부지방의 신뢰성이 부족한 원인은 뭘까. 이는 정부정책에 기인한 측면이 크다. 이탈리아는 오랫동안 북부에 비해 남부에 투자를 덜 해왔다. 오랜 차별로 남북지역의 경제적 격차는 갈수록 벌어졌고, 이는 정부에 대한 불신으로 이어졌다. 여기에 더해 갈등관리의 실패는 결국 남부를 더 급진적으로 만들었고, 경제위기를 가속화시켰다.

갈등으로 인해 쌓인 불안과 불만, 불신은 청년들의 이민자 수로 고스란히 나타났다. 2008년부터 2012년까지 5년 동안 무려 9만 4000명의 청년이 이탈리아를 떠났다. 경제가 점점 어려워지면서 2014년에는 한 해 동안 4만 5000명이 해외로 이주했다.

현재 이탈리아 남부에는 새로운 정치 바람이 불고 있다. 갈등 속에서 태어난 급진 정당인 오성운동이 그것이다. 다리오 부자도 오성운동에 적극적이다. 오성운동 소속의 발레리아 차람비노 의원은 이들의 불만을 대변한다. "수천수만 명의 남부 출신 청년들이 북부지방으로 이주했습니다. 남부지방은 단지 산업단지나 기업들만 잃은 것이 아닙니다. 학위를 가진 젊은이들이 떠나면서 남부지방은 미래를 잃어버리고 있습니다."

공공수도, 인터넷 접속권리, 지속가능한 교통수단, 지속가능한 개발, 생태주의라는 다섯 가지 목표를 제시하며 제1야당에까지 오른 오성운동은 2016년 12월 실시된 정치개혁안 국민투표 부결에 앞장섰다.

마테오 렌치 총리는 상원의원 수를 대폭 축소하고 중앙 정부 권한을 강화하는 정치개혁안을 내세웠다. 상원과 하원 모두에서 정치개혁안을 통과시켰으나, 최종 국민투표 관문을 넘지 못했다. 이로 인해 렌치 총리는 사임했는데, 렌치 정부의 공백으로 이탈리아의 EU 탈퇴, 이른바 '이탈렉시트(Italexit)' 움직임도 빨라질 수 있다. 오성운동은 EU 탈퇴

기성 정치권에 대한 이탈리아 국민들의 분노를 바탕으로 탄생한 오성운동은 창당한 지 불과 4년 만에 이탈리아 제1야당으로 성장했다.

를 주장하고 있으며, 극우정당인 북부동맹도 이런 점에서는 같은 입장을 갖고 있다.

"민주주의는 참여다. 대표하는 것으로 충분하지 않다"를 모토로 내세운 오성운동은 기성 정치권에 대한 이탈리아 국민들, 특히 가난한 청년 세대의 엄청난 분노를 바탕으로 불과 4년 만에 이탈리아 제1야당으로 성장했다. 그러나 모호한 정치적 지향과 부적절한 발언, 무능한 행정 능력 등에 대한 문제가 꾸준히 제기되며, 오성운동의 한계를 비판하는 목소리도 만만치 않다. 오성운동에 대한 입장과 평가는 저마다 다를 수 있지만, 분명한 것은 지금 오성운동이 일으키는 돌풍에는 그동안 쌓인 이탈리아 정부에 대한 엄청난 불신이 밑바탕에 깔려 있다는 점이다.

독일의 합의 기술
: 토론, 공개, 연속성

—

제2차 세계대전 이후 패전국이었던 독일은 어떤가. 독일은 자동차 산업을 바탕으로 비약적인 경제발전을 이룩했다. 그러나 동서 통일 이후 실업률과 국가부채가 치솟으며 극심한 경제난에 허덕였다. 유럽의 골칫덩이로 전락한 독일은 이대로는 더 이상 경제가 버티지 못한다는 사실을 인정해야만 했다. 살기 위해서는 새로운 패러다임이 필요했다.

게르하르트 슈뢰더 총리는 경제를 살리기 위한 '어젠다 2010'을 발표했다. 독일을 '유럽의 병자'에서 '운명의 결정자'로 거듭나게 한 이 국가개혁안은 노동시장, 산업, 조세, 환경, 이민, 교육, 행정 등 광범위한 분야의 개혁정책을 담고 있었다.

그러나 사회복지를 줄이고 개인에게 더 많은 책임을 요구하는 파격적인 개혁안은, 슈뢰더가 이끄는 사민당 내부에서도 심각한 갈등을 낳았다. 당시 사민당의 대변인이었던 발트라우트 볼프 연방의원은 격렬한 갈등을 봉합한 합의의 기술로 '토론과 공론화를 통한 투명한 정보 공개'를 꼽았다.

"우리는 그저 토론을 좋아하는 민족, 합의를 도출하고 싶어 하는 국민이라고 말씀드리겠습니다. 우리는 합의를 도출하지 못해 독재자가 모든 것을 결정했던 역사를 가지고 있습니다."

개혁안에 대한 토론은 주(州) 단위는 물론 작은 마을에서도 이뤄졌다. 때로는 열한 시간이 넘는 끝장토론도 벌어졌다. 토론 생중계 과정에서 국민들은 의견을 적극적으로 개진했고, 그 내용은 정책 결정에 최대한 반영됐다. 미디어를 통한 투명한 정보공개와 의견수렴으로 자연스럽게 사회적 합의가 이루어졌다. 이것이 독일을 다시 유럽의 맹주로 우뚝 서게 한 합의의 기술이다.

그리고 주목해야 할 또 다른 합의의 기술이 있다. 바로 '정책의 연속성'이다. 사민당의 슈뢰더 총리에서 시작한 '하르츠 개혁'은 기민당의 앙겔라 메르켈 총리로까지 이어졌다. 노동시장 유연화 정책을 담은 하르츠 개혁은 피터 하르츠 당시 노동개혁위원장을 중심으로 기업, 노조, 정부, 학계 등 각계 인사 15인으로 구성된 하르츠 위원회에서 만들어졌다.

위원회의 목표는 독일의 심각한 실업률에 대한 근본적인 대책을 수립하는 것이었다. 이들은 '지원과 요구'가 적절히 이루어져야 실업률을 근본적으로 줄일 수 있다고 판단했다. 즉 실업자들이 재취업할 수 있도록 정부가 체계적이고 적극적으로 '지원'하는 동시에, 실업자들에게 재취업을 위해 노력하도록 '요구'하는 것이다. 이를 위해 실업자들의 지위를 보장해주던 독일의 전통적인 복지제도를 중단하고, 먹고살 수 있는 정도의 기본급만 지원하는 개혁안을 제시했다.

하르츠 위원회 내부에서도 첨예한 논쟁이 일었던 법안을 만들면서 이들은 '합의'를 최우선으로 삼았다. 그리고 합의된 내용에 대해서는 쟁점화하지 않겠다는 원칙도 세웠다. 당시 위원회에 참여한 베르너 얀

사민당의 슈뢰더 총리에서 시작한 하르츠 개혁은 기민당의 메르켈 총리로까지 이어졌다. 팽팽하게 대립각을 세워온 라이벌 정당이지만, 국가 미래를 위한 정책에는 연속성을 추구하고자 한 것이다.

포츠담 대학교 교수는 "가장 노력했던 부분은 하나의 의견에 합의하는 것"이었다고 말한다.

그러나 실업수당과 연금을 줄인다는 개혁안이 발표되자 국민들은 크게 반발했고 갈등은 커졌다. 의회는 갈등을 조정하기 위해 법안을 사회적으로 합의 가능한 순서에 따라 네 단계로 나누어 순차적으로 시행했다. 2003년 실업자들의 유급 직업교육과 미니잡(minijob, 월 450유로 이하 임시직) 등 신규 일자리 창출에 관한 내용을 담은 하르츠 1, 2단계를 시작으로, 실업급여 수급기간 단축과 실업부조와 공적부조의 통합안이 담긴 하르츠 4단계는 2005년 이후에 발효되었다.

이러한 개혁정책은 슈뢰더에게 정치적 악재로 작용했다. 슈뢰더가 이끌던 사민당은 노동자들의 지지를 기반으로 하는 정당이었기 때문이다. 하르츠 개혁으로 표심을 잃은 슈뢰더는 결국 2005년 총선에서 패배했다. 다음 총리로 슈뢰더와는 정적인 기민당의 수장 메르켈이 당선되었다. 그런데 메르켈은 슈뢰더의 개혁을 이어가겠다고 선언했다. 팽팽하게 대립각을 세워온 라이벌 정당이지만, 국가 미래를 위한 정책에는 연속성을 추구하고자 한 것이다.

그리고 그 결과는 경제적 성과로 이어졌다. 실업률이 빠르게 떨어졌고, 경제가 회복되었으며, 글로벌 금융위기 역시 안전하게 빠져나올 수 있었다. 물론 이러한 성장에는 유로화 도입에 따른 통화절하 효과 등 다양한 요인이 작용했다. 하지만 하르츠 개혁으로 인한 노동시장 안정화 또한 일정한 역할을 했음은 분명하다.

그러나 하르츠 개혁에는 어두운 이면도 존재한다. 정규직 일자리가 탄력적 저임금 일자리인 미니잡으로 대체되면서 실질임금이 빠르게 감소했다. 또한 하르츠 개혁으로 파견노동에 대한 규제가 없어지면서, 파견노동자의 평균임금이 정규직의 57퍼센트 수준으로 낮아지는 등의 심각한 문제도 발생했다. 이에 안드레아 나레스 독일 연방노동부 장관은 2015년 하르츠 개혁으로 없어진 파견노동 제한 기간을 18개월로 다시 설정하는 법안을 제출했고, 사용자 단체의 반대가 거세자 2016년 제한 기간을 24개월로 조정하는 수정법안을 제출했다. 이처럼 독일은 하르츠 개혁의 부작용으로 불거진 사회문제를 해소하기 위해 정부 주도의 재개혁을 추진 중이다.

독일의 사례에서 주목할 점은, 어떤 정책이든 어느 한 당의 독주가 아닌 여러 정당 간의 토론과 합의에 의해 결정해야 함을 분명하게 인지하고 있다는 점이다. 1949년 이후 단일 정당이 다수당을 차지한 경우가 전무한 독일은 언제나 연합정부를 구성하여 정책을 집행해왔다. 이것은 어떤 정책이 어느 한 당의 독주로 결정될 수 없음을 의미한다. 즉 여야를 떠나 모든 정당이 정책에 일정 부분 책임이 있다는 뜻이다. 때문에 정권이 바뀐다 하더라도 새 집권당은 정책을 부분적으로는 개선할지라도 근본적으로는 연속성을 보장할 수밖에 없다.

국가 정책의 연속성이 떨어지는 우리 사회에 독일이 보여준 합의의 기술은 많은 점을 시사한다. 5년 대통령 단임제와 사실상 양당 체제를 유지했던 우리나라의 경우 장기적인 비전을 고려하기보다는 대통령 임기 내에 해결할 수 있는 문제들에 매진하는 경향을 보여왔다. 심지어는 같은 정당에서 정권이 재창출되더라도 이전 정부의 정책을 지우려는 경향이 짙다. 반면 우리가 겪는 많은 종류의 갈등들은 단기간에 풀기 어렵다. 어떤 정부가 들어서더라도 꾸준히 소통하며 일관된 입장을 가지는 것이 중요한데, 아직은 우리 정치가 그런 신뢰를 보여주지 못하고 있다.

효율성만 중시하면 합의하기 어렵다

2016년 OECD 조사 결과, 한국의 정부 신뢰도는 평균 46퍼센트에도 못 미치는 28퍼센트, 청년층의 신뢰도는 이보다 더 낮은 17퍼센트

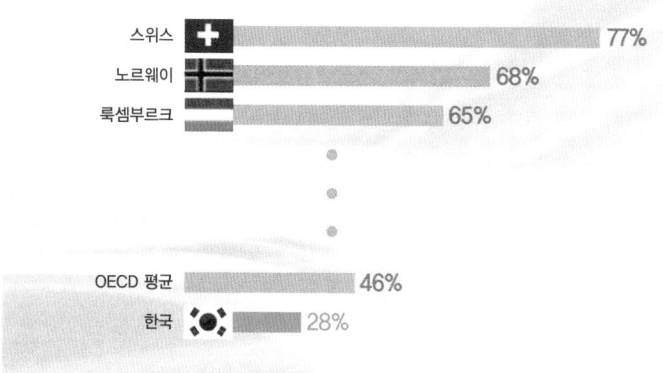

2016년 OECD 조사 결과, 한국의 정부 신뢰도는 평균 46퍼센트에도 못 미치는 28퍼센트였다. 정부의 갈등 관리 능력이 떨어지면 국민은 정부를 믿지 못하고, 이는 총체적인 위기를 낳을 수 있다.

였다. 정부의 갈등관리 능력이 떨어지면 국민은 정부를 믿지 못하고, 신뢰가 없으니 갈등관리 능력이 더욱 떨어진다. 이는 정치, 경제, 사회를 막론하고 총체적인 위기를 낳을 수 있다. 때문에 각국 정부마다 갈등관리 능력을 키우기 위해 역사적으로 노력해왔다.

미국은 인종갈등으로 인한 사회문제가 많은 나라다. 국가가 존속하기 위해서라도 다양한 인종 사이의 갈등이 커지지 않도록 관리하는 합의의 기술이 절실했다. 그들이 찾아낸 방법은 '타운홀 미팅'이다. 시민이 참여하여 자유롭게 의견을 나누는 공개토론 방식인 타운홀 미팅으로 미국은 지금도 많은 갈등을 해결하고 예방하고 있다.

프랑스에서는 국책사업을 둘러싼 갈등과 그로 인한 막대한 비용이

2014년 뉴저지 주의 벌링턴 카운티 YMCA 홀에서 있었던 타운홀 미팅. 미국의 타운홀 미팅은 무작위로 참석자를 선정해 자유롭게 의견을 나누는 토론 방식이다.

사회문제로 떠올랐다. 이를 감당할 수 없었던 프랑스는 1995년 갈등을 조정해 합의를 이끌어내는 독립 행정기관인 국가공공토론위원회(CNDP)를 만들었다. 국책사업의 이해 당사자인 정부가 직접 나서는 것이 아니라 별개의 행정기관에서 갈등을 조정함으로써 공정성을 확보하고 신뢰를 구축하고자 한 것이다. CNDP는 대규모 국책사업의 계획 수립 단계에서부터 정보를 투명하게 공개하고, 이해관계자들의 의견수렴을 통해 국민적 공감대를 형성하고 갈등을 예방하는 데 기여하고 있다.

CNDP가 가장 중요하게 생각하는 것은 '과정', 즉 절차다. 결론을 미리 정해놓고 구색 맞추기식으로 토론하는 것이 아니라, 가장 효율적이고 합리적인 결과를 도출해내기 위해 깊이 있게 의논하도록 하는 게 핵심이다. 이를 위해 공공토론 과정에는 다양한 구성원이 참석해야 하며, 그중에는 반드시 해당 이슈에 관해 상반된 견해를 가진 전문가들을 참여시켜 다양한 의견을 청취하게 하고, 이후 참석자들의 공공토론을 통해 의견을 도출하도록 하고 있다.

갈등을 권투경기에 비유하면 정부는 링 위의 심판과도 같다. 심판이 규칙을 공정하게 적용해야, 권투가 '폭력'이 아닌 '경기'가 될 수 있다. 하지만 많은 갈등의 경우 심판이 편파적이었고, 불공정한 규칙을 적용한 탓에 링 위의 '폭력'을 불러일으켰다. 심지어 심판이 직접 폭력을 행사하면서 갈등이 더욱 커지기도 했다.

그동안 우리 사회는 많은 갈등을 '공권력'이라는 이름의 국가폭력으로 해결해왔다. 정확히는 갈등의 '해결'이라기보다 '억압'이었다. 단일 국책사업으로는 최대의 저항을 불러일으켰던 밀양 송전탑 갈등도 결국 군사작전을 방불케 한 '행정대집행'으로 일단락됐다. 그러다 보니 외형적인 갈등 국면은 사라지더라도 불만과 불신이 누적될 수밖에 없었다. 그리고 이것이 부메랑이 되어 갈등관리를 더욱 어렵게 만들었다.

이제 갈등관리의 패러다임을 바꾸어야 한다. 과거 중앙집권적 통치 형태에서는 '효율성' 중심의 문제해결이 주효했다. 하지만 향후 민주주의가 심화하고 권력의 분화가 이루어지는 과정에서는, 문제해결의 '정당성'이 더 강하게 요구된다. 효율성만을 내세워 절차를 제대로 밟지 않거나 충분히 소통하지 않는 것은 더 이상 용납되기 어렵다.

우리도 평화적 해결이 가능하다

—

최근 우리나라에서도 합의의 기술을 통해 갈등을 관리하고 해소하려는 노력을 찾아볼 수 있다. 서울시를 비롯한 50여 개 관공서가 갈등관리시스템을 구축하고, 체계적으로 갈등을 관리하려고 노력하는 중이다. 특히 우리나라 지방자치단체 가운데 처음으로 갈등조정제도 및 갈등관리시스템을 도입한 서울시는, 조직 전반에 갈등관리의 중요성을 인식시키고 선제적으로 갈등관리를 해왔다는 평가를 받는다.

그동안 수많은 공공갈등을 야기했던 한국전력공사(한전)의 변화도 주목할 만하다. 변화의 계기는 밀양 송전탑 사건이었다. 막대한 갈등비용을 지불하며 갈등관리의 중요성을 깨달은 한전은, 갈등관리 부서를 만들고 직원들을 대상으로 갈등관리 교육을 강화하고 있다. 이해관계자들이나 시민단체 등 민원인들과 적극적으로 소통하기 위해서다.

갈등관리 방식을 혁신적으로 전환한 결과는 곧바로 성과로 나타났다. 무려 8년간 갈등을 빚어온 변전소 건립 문제를 해결한 것이다. 2015년 한전과 변전소 예정부지 주민들은 변전소 건립에 극적으로 합의했다. 그들 사이에는 어떤 합의의 기술이 있었을까?

경기도 안산의 작은 마을인 상록구 양상동. 이곳 주민들은 변전소 건립을 두고 한전과 오랫동안 갈등을 겪었다. 한전은 변전소 부지가 마을 중심부에서 700~800미터 떨어져 있고, 안산 IC에 둘러싸여 마을과 차단되기 때문에 최적지라고 판단했다. 하지만 주민들의 저항은 거셨다. 민경환 양상 1통 청년회장도 반대 주민 중 한 사람이었다.

"원래는 양상 2통 예비군훈련장 옆에 짓기로 했어요. 양상 2통 주민들이 반대해서 이곳으로 부지를 옮긴 거예요. 우리는 처음에 지으려고 했던 곳으로 가라 이거죠. 보상도 필요 없으니 가라고 했어요."

한전은 이미 법원을 통해 변전소 건설 허가를 받았지만, 강제집행 대신 주민의 의견을 최대한 수렴하기로 했다. 한전의 갈등관리팀은 먼저 적극적인 설명회와 토론회를 열어 주민과 소통했다. 궁금증을 해소하고 의견을 나누면서 서로에게 쌓인 앙금도 풀어냈다. 조정전문가는 제3자의 입장에서 주민들의 의견을 듣는 역할을 했다. 토론회에서 조정관은 합의의 원칙을 통해 신뢰를 쌓았다. 당시 조정관이었던 단국대 분쟁해결연구센터의 전형준 교수는 합의를 이끌어내기 위해서 "양쪽 어디에도 편파적이지 않고 중립적인 태도를 취하는 것이 가장 중요한 원칙"이었다고 설명했다.

수많은 토론을 통해 변전소의 필요성에 동의한 주민들은 조건을 걸고 건설에 찬성했다. 변전소 위치를 바꿔달라는 주민들의 의견을 한전이 수용하면서 최종 합의가 이뤄졌다. 결국 변전소는 주민들의 바람에 따라 마을에서 조금 더 떨어진 곳에 건설될 예정이다. 모두가 만족하는 방식으로 갈등이 해소된 것이다.

변전소 건설 반대에서 찬성으로 입장을 바꾼 민경환 씨는 갈등해결의 열쇠로 '소통'을 꼽았다. "조정위원들이 동네에 와서 설명하면 우리는 요구사항을 전달했고, 그러면 조정위원회에서 한전에 우리의 뜻을 전달했습니다. 한전에서 양보할 것은 양보하고, 동네에서 양보할 것은 양보하다 보니 그렇게 서로 소통이 이뤄졌어요."

이 사례에서 눈에 띄는 것은 조정관 제도를 통한 소통이다. 이러한 대체적 분쟁해결 제도(alternative dispute resolution, ADR)는 갈등해결에 상당히 효과적인 것으로 증명되었다. 사법적 판단 이외의 대안적인 방법으로 분쟁을 해결하는 제도인 ADR은 제3자를 통해 당사자 간의 자율적 조정이 이루어지기 때문에 사법적 심판보다 결과에 대한 만족도나 순응도가 훨씬 높다.

ADR 제도와 같이 우리 사회의 갈등관리에 필요한 제도적 장치로는 무엇이 있을까? 은재호 한국행정연구원 연구위원은 갈등관리 기본법 제정과, 대형 국책사업과 관련한 갈등 예방 및 해결을 위한 독립 행정기구를 제안한다.

"몇 년째 입법이 지연되고 있는 갈등관리 기본법안은, 정부나 공공기관이 어떤 정책이나 사업을 시행할 때 반드시 이해 당사자의 의견을 먼저 수렴하고, 그들의 요구와 욕구를 최대한 반영하도록 규정하고 있습니다. 나아가서 일정 규모 이상의 국가예산이 수반되는 주요 국가정책이나 사업과 관련해서는 반드시 국민에게 의견을 묻도록 규정하고 있고요. 이러한 제도들이 현장에서 뿌리내릴 수 있도록 갈등조정 전문가를 육성하고 지원하는 조항도 담고 있습니다. 아울러 프랑스의 국가공공토론위원회를 한국적 지형에 맞게 수정한 '공공토론위원회'(가칭) 법안도 다시 국회에 상정되기를 바랍니다. 이는 사회적 수용성이 굉장히 높은 정책과 사업을 만드는 데 큰 도움이 될 것입니다."

　지금 우리 사회에는 시민들의 정치 참여 욕구가 분출하고 있다. 이제 정부가 의사결정을 독점하던 방식에서 벗어나, 의사결정 과정에 시민이 참여하는 대안적 갈등해결 방식을 위한 제도적 보완이 시급하다.

갈등을 성장 에너지로 전환하는
합의의 기술

　합의의 필요성은 느끼지만, 아직 우리 사회 전반에 갈등의 골이 깊다. 이를 단적으로 보여주는 풍경이 바로 가시철조망이 쳐진 아파트 단지다. 2003년 정부는 사회·경제적으로 배경이 다른 주민들이 어울려 살자는 취지에서 아파트 단지 내에 분양·임대 주택을 함께 지어 공급하는 이른바 소셜믹스(social mix, 혼합주택) 정책을 도입했다. 그러나 계층별 갈등을 줄이고자 한 본래 취지가 무색해질 정도로 갈등은 깊어지고만 있다. 심지어 어느 아파트 단지에서는 높이가 1.5미터나 되는 가시철조망이 쳐졌다. 누가, 왜 이런 것을 세워놓았을까? 이 철조망은 아파트 입주민들의 강력한 요구로 세워졌다. 분양동에 사는 주민들이 자신들과 임대동에 사는 세입자들을 구분하기 위해서다.

　이렇게 분양동과 임대동 사이에 담장을 쳐 출입구를 분리하고 공공임대 세입자가 주민 커뮤니티 시설을 이용하지 못하게 하는 등, 갈등이 최악으로 치닫는 경우도 종종 발생한다. 이것이 대한민국 사회의 부끄러운 모습이다.

갈등과 다툼을 좋아하는 사람은 아무도 없다. 앞으로 우리 사회가 과거에 겪었던 갈등보다 더 심각한 갈등에 시달리게 될지, 아니면 신뢰와 합의를 만들어가는 경험을 하게 될지는 알 수 없다. 하지만 분명한 것은 한국 사회가 마주할 미래가 밝지만은 않다는 것이다. 날로 심각해지는 양극화로 인해 계층갈등은 더욱 깊어질 것으로 전망되고, 지난 몇 차례의 선거에서 보아왔듯이 한국 정치는 고용절벽에 내몰린 청년층과 복지절벽에 처한 노년층이 지지하는 정당이 극명히 갈리는 등 심각한 세대갈등도 겪어왔다.

지금 한국 사회는 저출산, 고령화, 저성장, 양극화, 환경, 교육, 통일 등 사회적 합의를 이루어 해결해야 할 문제들이 산더미처럼 쌓여 있다. 앞으로 갈등은 더욱 빈번해지고, 복잡해지며, 격렬해질 것이다. 그렇다고 갈등을 억압하기만 한다면 사회적 비용은 계속 증가하고, 사회는 정체될 것이다.

갈등이 없는 사회는 마치 무균실에서 사는 삶과 같다. 결코 행복한 삶도, 사회도 아닐 것이다. 근육세포에 스트레스를 주어야만 근력이 생기듯이, 우리 사회도 갈등이라는 스트레스 요인을 해결하며 성장해 간다. 결국 인간의 역사란 불가피하게 발생하는 갈등을 에너지로 전환하며 발전해온 기록이다. 갈등관리 역량을 키우는 것이 곧 사회발전의 토대가 된다.

우리가 기억해야 할 것은, 갈등은 그 자체로 선도 악도 아니라는 사실이다. 갈등은 분열과 폭력의 도화선일 수도 있고, 발전과 통합의 씨앗일 수도 있다. 때문에 '합의의 기술'이 무엇보다 중요하다. 갈등으로 인해 낭비되는 비용을 줄이고, 분열된 사회를 합의의 기술로 잘 봉합해야 우리 경제도 다시 살아날 수 있다. 그렇다고 '합의'라는 결과만 강조하고 그 절차를 무시한다면 또 다른 억압을 동반할 수밖에 없다.

　이제 과거에 우리가 머릿속에 갖고 있던 '합의'의 개념을 바꾸어야 한다. 합의의 문화, 갈등의 관리는 모든 이해 당사자들이 공평하게 자기 권리를 주장하는 것에서부터 시작되어야 한다.

　국가의 성패는 이제 누가 먼저 갈등을 잘 푸느냐에 달려 있다. 갈등 관리에 실패해 그대로 주저앉을 수도 있고, 갈등을 발판 삼아 한 단계 나아갈 수도 있다. 계속 다른 곳만 보고 대립할 것인지, 함께 같은 곳을 보고 이야기할 것인지, 미래를 위한 현명한 선택이 필요하다. 우리나라 아파트 단지에 가시철조망이 완전히 사라지는 날이 올 수 있느냐 없느냐는, 지금 우리의 의지에 달려 있다.

국가의 운명을 가른 어떤 선택

공용철 PD

독일과 이탈리아의 공통점과 차이점은 무엇일까? 독일은 인구가 8000만 명이 넘는 유럽 최대의 인구 대국이고, 이탈리아는 6200여만 명으로 프랑스, 영국에 이어 네 번째 인구 대국이다. 도시국가들로 이루어진 공국들이 19세기 후반에 통일국가를 이룬 점도 같다. 독일과 이탈리아는 2차 세계대전 추축국이자 패전국으로, 전후 눈부신 경제 성장으로 유럽의 부흥을 이끌었다. 베이비붐 세대가 은퇴하면서 저출산 고령화를 겪고 있는 나라들이기도 하다.

그러나 독일과 이탈리아의 운명은 유럽을 덮친 2008년 금융위기 때 극명하게 엇갈렸다. 이탈리아는 2008년부터 그리스, 포르투갈, 스페인과 함께 극심한 경제위기를 겪었다. 2009년에는 전년 대비 경제성장률이 마이너스 5.4퍼센트를 기록했고 2014년까지 2007년 수준을 회복하지 못했다. 2008년부터 증가하기 시작한 청년실업률이 2015년에는 42퍼센트를 넘었다. 취재차 이탈리아를 찾았을 때 많은 사람들이 미래를 얘기하지 않는다고 했다. 그만큼 자기 나라의 미래를 어둡게 보고 있다는 방증이었다.

독일은 1980년대 중반부터 실업률이 높아지고, 통일 이후 막대한 통일비용까지 겹쳐 성장이 둔화되었다. 실업률이 한때 12퍼센트에 육박했으나 2000년대 이후 안정세를 되찾았다. 2008년 유럽 금융위기 때는 유럽의 소방수로 구원투수 역할을 톡톡히 해냈다. 경제가 호전되면서 2016년 독일의 실업률은 5퍼센트 중반으로 떨어졌고, 이는 EU의 평균 실업률보다 낮은 수치다. 이런 자신감이 뒷받침돼 2016년에만 100만 명이 넘는 중동 난민을 받아들였다. 유럽 통합의 중심적 역할을 넘어, 세계 무대에서 강대국으로서의 존재감과 위상을 높여가고 있는 것이다.

독일과 이탈리아의 이런 차이는 어디서 기인했을까? 나는 그 원인이 사회통합능력, 즉 사회적 합의 능력의 차이에 있다고 본다. 이탈리아는 오래전부터 남부와 북부의 갈등과 대립이 심했다. 로마를 기준으로 남쪽 지역은 발전도 더디고 소득 수준도 낮다. 시칠리아, 나폴리 등은 여전히 마피아 등 범죄세력의 영향력이 세다. 밀라노를 중심으로 로마 북쪽의 도시들은 발전 상태도 빠르고 평균소득도 높다. 고부가가치 산업과 일자리가 대부분 북부에 집중돼 있다. 그러다 보니 북부동맹은 오랫동인 북부의 독립을 주상해왔다. 언제까지나 북부에서 돈을 벌어 남부를 지원해줄 수 없다는 것이다.

남북 갈등이 이탈리아의 묵은 갈등이라면, 세대는 새로운 갈등의 축이다. 저출산 고령화가 진행되면서 연금, 건강보험, 일자리 등 곳곳에서 세대 간 충돌을 일으켰다. 사회적 합의가 안 되다 보니 제도화가 더디고 미래 이슈에 적절하게 대응하지 못했다. 반면 독일은 사민당의 슈뢰더 정부에서 추진한 '어젠다 2010'을 통해서 고령화에 대비해 연금, 건강보험, 실업 등 사회개혁을 해냈다. 독일은 사회적 합의를 통해 제도를 개선했고, 미래 이슈에 선제적으로 대응해 위기를 잘 극복했다. 2008년 유럽 금융위기의 원인을 사회적 관점에서 보면, 사회적 합의 능력이 독일과 이탈리아의 운명을 바꾼 것이다.

사회적 합의라고 하면 거대 담론처럼 여겨지고 다분히 추상적이다. 그래서 눈높이를 대폭 낮춰서 우리 사회에서 활용 가능한 합의에 초점을 맞춰 접근해 보았다. 우리가 참고할 만한 모델로 독일에 주목했다. 슈뢰더 정부가 추진했던 '어젠다 2010'과 '하르츠 개혁' 과정이 궁금했기 때문이다.

취재 과정에서 정치권, 재계, 노동계, 학계 대표들로 구성된 '하르츠 위원회'의 멤버였던 포츠담 대학교 행정학과의 베르너 얀 교수를 만난 것은 행운이었다. 얀 교수는 취재팀에게 하르츠 개혁이 제도화되는 과정에서 적용한 합의의 기술을 잘 제시해줬다.

당시 하르츠 위원회가 보여준 합의의 기술은, 논의 과정에서 차이를 인정하고 합의된 것들만 결론으로 삼았다는 점이다. 정치적, 경제적으로 입장이 다른 사람들이 다양한 의견을 자유롭게 제시하고 그 가운데 공통으로 합의된 내용들만 위원회의 결론으로 만들어 연방의회에 입법 과제로 제시한 것이다.

하르츠 위원회로부터 개혁안을 넘겨받은 독일 연방의회는 전국에 걸쳐 수십 차례 공청회를 개최하고, 그 장면을 TV로 생중계하면서 국민의 합의를 모아나갔다. 그런 노력을 했음에도 합의가 안 된 것들은 미뤄두고 우선 합의된 것들만 입법화했다. 하르츠 개혁 법안이 1~4단계로 나뉘어 수년에 걸쳐 입법화된 이유다.

이렇게 합의를 구하는 과정은 시간이 많이 걸린다. 사회적 합의 및 갈등관리 능력이 탁월한 국가들은 이처럼 많은 시간과 노력을 기울여 사회적 합의 과정을 거친다. 수차례의 논의와 토론을 거쳐 합의 가능한 것들만 채택하다 보니 한번 만들어진 제도가 뒤집힐 염려도 없다. 정권의 변화에 따라서 정책이 왔다 갔다 하는 우리의 현실에서 곱씹어봐야 할 대목이다.

민주주의와 자본주의의 차이를 단순화하면 민주주의는 1인 1표이지만, 자본주의는 주식회사를 기준으로 볼 때 한 주당 한 표다. 민주주의 체제에서는 A 회사의 주식 한 주를 가진 사람이나 1만 주를 가진 사람이나 정치적으로 평등하지만, A 회사의 정책 결정 과정에서는 1만분의 1로 불평등하다. 또 돈이 많은 사람이나 적은 사람이나 선거에서는 각자 한 표를 행사하지만, 시장에서의 영향력 차이는 엄청나게 크다.

서구의 근대사회가 시민계급의 형성과 발전으로 촉진되었지만, 그 시민계급이 만들어낸 개인주의와 자본주의가 민주주의에 의해 통제되지 않았더라면 인류사는 어떻게 전개되었을까? 시장이라는 정글에서 만인 대 만인의 투쟁이 지속되고, 경기의 규칙이 애매한 상태에서 약육강식의 원리에 따라 승자가 모든 걸 독식하는 사회가 되었을 것이다. 급기야 불평등을 참지 못한 '시장의 패배자'들이 반란을 일으켜 자본주의는 일찍 그 수명을 다했을지도 모른다. 그렇게 본다면 한 주당 한 표가 기본 원리인 자본주의가 오늘날까지 생존할 수 있었던 비결은, 자본의 과다를 무시하고 1인 1표를 강제하는 민주주의의 통제를 받았기 때문이라고 볼 수 있다.

자본주의의 작동원리는 '시장'이고, 민주주의의 작동원리는 '합의'다. 다수결에 입각한 미국식 합의 모델이 있고, 다양한 정치 세력 간의 연정을 통해 내용상 합의를 추구하는 독일식 모델이 있지만, 결국 민주정치는 합의에 기반하고 있다. 합의를 통해 시장의 질서와 경기규칙을 정함으로써 시장은 변화에 대응해 살아남을 수 있었다. 세계 금융시장을 좌지우지하는 미국의 월스트리트도 정치의 지배를 받을 수밖에 없다는 월가의 격언도 '시장에 대한 정치의 우위'를 반증한다. 우리나라에서 정경유착이 끊이질 않는 이유도 거기에 있을 것이다. 창업이나 퍼스트 무버도 정치의 장에서 만들어지는 경기의 규칙에 좌우될 수밖에 없다. 시장의 생태계를 구성하는 데 정치, 합의가 그만큼 중요하다는 얘기다.

대한민국은 구조적 위기에 직면해 있다. 경제의 잠재성장률이 떨어지고 청년실업률이 높아만 간다. 외환위기 이후 자산의 양극화가 심화되었고, 직업과 소득의 양극화도 갈수록 심화되고 있다. 여기에다 세계사에서도 유례가 없을 정도로 빠르게 저출산 고령화가 진행되고 있다. 어느 것 하나 쉽게 해결하기 어려운 구조적인 문제들이다. 고령화만 하더라도 노인 인구가 급속하게 늘어나면서 건강보험이나 연금, 보험, 노동 등 미리 준비해야 할 제도나 시스템 개혁이 절실하다. 하지만 이 모든 과제는 당사자들의 이해가 충돌하기 때문에 합의가 필요하다. 우리 사회가 직면한 과제들 가운데 이제는 사회적 합의를 통하지 않고서 풀어낼 수 있는 것들이 거의 없다. 그것도 장기간에 걸쳐 합의와 실천이 필요한 과제들이다.

사회적 합의를 통해서 미래 이슈에 선제적으로 대응하느냐 그렇지 못하느냐에 따라 우리의 운명이 갈릴 수 있다. 지속가능한 성장을 위해서 우리가 합의의 기술에 주목해야 하는 이유다.

明見萬里

2장

이제 정치에 대해,
그 어떤 것도 예측하지 마라

—

계몽과 대의의 시대를 넘어, 무섭게 폭발하는 참여의 열망

창당 1년 만에 의회 69석을 차지한 스페인 정당 포데모스,

정치판의 로빈 후드로 불리는 아이슬란드의 해적당,

평균연령 37세로 제1야당에 오른 이탈리아 오성운동.

어떻게 이와 같은 일이 가능했을까?

기성 정치는 도저히 따라올 수 없는

새로운 정치 시스템이 도래하고 있다.

이제 정치에 대해,
그 어떤 것도 예측하지 마라

> 계몽과 대의의 시대를 넘어, 무섭게 폭발하는 참여의 열망

창당 1년의 신생 정당, 의회 69석을 얻다

—

2015년 12월, 스페인 총선에서 대이변이 일어났다. 40년 묵은 양당 구도를 깨고, 창당한 지 1년밖에 안 된 신생 정당 포데모스가 69석을 확보하면서 제3당으로 떠오른 것이다. 스페인은 우리나라와 매우 비슷한 경제·정치 환경을 가진 나라다. 오랜 기간 군사정권의 지배를 받았고, 정치권의 부정부패 스캔들도 끊이지 않았다. 민주화 이후에도, 40년 넘게 국민당과 사회노동당의 양당 체제를 유지해올 정도로 정치 구조 또한 폐쇄적이었다. 그런데 무엇이, 창당한 지 1년밖에 안 된 신생 정당을 원내 제3당의 위치에까지 올려놓았을까? 그 시작은 2011년

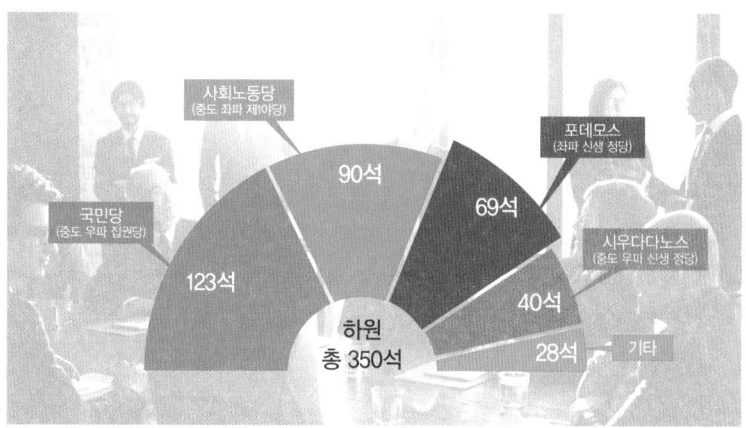

'인디그나도스(indignados, 분노한 사람들)' 시위로 거슬러 올라간다.

2011년 5월 15일 스페인 마드리드의 푸에르타델솔 광장에 분노한 수천 명의 시민이 모여들었다. 2008년 미국발 글로벌 금융위기와 유럽의 재정위기로 직격탄을 맞은 스페인 정부가 사회적 합의를 깨고 긴축정책을 펴면서, 수많은 사람들이 일자리를 잃고 집마저 빼앗겨버렸기 때문이다. 더욱이 정치인들의 부패 스캔들이 연이어 터지면서 긴축정책으로 고통받던 시민의 분노는 극에 달했다.

결국 '분노한 사람들'은 "부패 척결, 일자리 해결·빈부격차 해소" 등을 외치며 거리로 쏟아져 나왔다. 스페인 전국에서 800만 명에 이르는 시민들이 한마음이 되어 '진정한 민주주의'를 외쳤다. 그리고 소셜미디어로 무장한 점령 시위는 미국의 '월가를 점령하라' 시위로 이어졌으며, 캐나다와 유럽을 돌아 아시아와 호주에까지 퍼져나갔다.

'분노한 사람들'은 단순히 광장에서 분노를 표출하는 데 그치지 않았다. 기성 정치의 틀을 깨고, 시민이 주도하는 새로운 전국정당 '포데모스'를 탄생시키며 정치의 판도를 바꾼 것이다. '우리는 할 수 있다'는 뜻의 포데모스는 기성 정당과 다른 길을 걸었다. 무엇보다 포데모스에서는 시민이 주인공이다. 누구나 온라인과 오프라인을 통해 당의 주요한 사항을 결정할 수 있을 뿐 아니라, '시르쿨로스(서클)'라는 자치 모임을 만들어 정치에 직접 참여할 수도 있다. 정치와 일상의 벽을 허물고 있는 것이다.

또한 국회의원은 국민의 '대리인'으로 선출된 공직자일 뿐이므로 그 어떤 특권도 거부한다. 소속 의원의 봉급 상한액을 제한하고, 수입을 투명하게 공개하며, 회의비나 택시비 지급, 관용차 이용과 같은 특권도 내려놓았다. 그뿐 아니라 부패의 연결고리가 될 수 있는 그 무엇과도 결별했다. 공직 및 당직 기간은 8년으로 제한하고, 공직 이후 10년 동안 유관기관에서 근무하는 것도 금지했다. 심지어 2년 안에 시민에게 내건 공약을 특별한 사유 없이 이행하지 못하면 새 선거를 소집해 당수를 쫓아내는 정책이 있을 정도로, 참여와 감시에 초점을 맞춘 다양한 정책을 펴고 있다.

라만차 대학교 사회학과의 호세 엔리케 카스티야 교수는 신생 정당 포데모스의 성공 이유를 "많은 사람들을 서로 이어주는 요소를 모아놓았기 때문"이라고 설명한다. "포데모스에서 시민들은 더 이상 문제

유럽의 신생 정당 현황. 세계는 지금 기존의 대의 민주주의 체제와 기성 정치에 대한 불신으로, 신생 포퓰리즘 정당들이 약진하고 있다.

해결을 기다리고만 있지 않습니다. 자신이 직접 책임지고 해결해나갈 수 있습니다."

이것은 비단 스페인만의 일이 아니다. 지금 세계 곳곳에서 시민을 중심으로 한 새로운 정당이 만들어지고, 또 시민들로부터 전폭적인 지지를 얻고 있다. 아이슬란드에서는 정치판의 로빈 후드로 불리는 해적당이 제2당으로 올라서면서 돌풍을 이어가고 있다. 투명한 정보 공개, 부패 기득권 타파 등을 내세운 해적당은 "좌우 이념으로 대립하는 낡은 정치가 아닌, 기본적인 권리 보장과 민주주의 혁신이라는 상식적이고 보편적인 문제를 해결하는 정치가 중요하다"고 강조한다. 이탈리아에서는 평균연령 37세의 젊은 성냥인 오성운동이 "부패와 무능, 금권정치 타파"를 위한 급진적인 정책을 내놓으며 화제가 되었다.

물론 이들의 정치 행보는 아직 걸음마 단계다. 또 지나친 포퓰리즘이라는 논란이 있는 것도 사실이다. 하지만 분명한 점은 시민이 중심이 되는 새로운 정치가 거스를 수 없는 흐름이라는 것이다. 그렇다면 무엇이 이러한 정치 실험을 촉구했을까. 그 실마리를 2016년 세계인들의 많은 관심을 끌었던 미국 대통령 선거에서 찾을 수 있다.

내 삶을 책임져주지 않는
정치에 분노하다

—

미국의 시사주간지 《타임》은 지난 2016년, '분열된 미국의 대통령'이라는 제목으로 '올해의 인물'에 도널드 트럼프 대통령 당선인을 선정했다. 미국 대선에서 트럼프가 당선됨으로써 전 세계가 예측 불가능한 트럼프의 행보에 불안해하고 있다. 그런데 왜 미국의 유권자들은 수많은 우려에도 불구하고, 분노와 혐오를 자극하는 트럼프에게 표를 몰아줬을까? 트럼프 당선이 의미하는 바는 무엇일까? 전통적인 민주당의 텃밭이라고 불렸던 '러스트 벨트(Rust Belt)'를 들여다보자.

'녹슬다'라는 뜻의 러스트(Rust)가 암시하듯, 러스트 벨트는 과거 미국을 대표하는 공업지대였지만 제조업의 쇠퇴로 쇠락한 지역을 일컫는다. 미국 중서부와 북동부의 일부에 걸쳐 있는 이 지역에는 주로 백인 노동자층이 거주하고 있다. 미국 북동부에 위치한 오하이오 주의 영스타운도 이 러스트 벨트에 속하는 쇠락한 공업지대다. 전통적인 민주당 우세 지역이었지만, 이번 선거에서 시민들은 힐러리 클린턴이 아닌 도널드 트럼프를 대통령으로 선택했다.

3대를 이어 민주당원이었던 데이브 아담스 씨도 그중 하나다. 그는 지난 30년간 영스타운의 몰락 과정을 지켜봤다. "여기가 전부 제철소였어요. US 스틸, 리퍼블릭 스틸, 코퍼웰드 등 큰 규모의 제철소 예닐곱 개가 있었죠. 시내를 걸어 다니면 사람들로 거리가 꽉 찼었어요. 최근 15∼20년 사이에는 그때만큼 많은 사람들을 보기가 힘듭니다."

과거 영스타운은 미국 철강산업의 중심이었다. 많은 사람들이 일자리를 찾아 이곳에 모여들었다. 저학력 백인 노동자에게는 기회의 땅이었다. 하지만 세계화 이후 이곳의 풍경은 달라졌다. 가격 경쟁을 이기지 못한 많은 공장들이 멕시코 등으로 떠나갔고, 전성기에 17만 명이던 인구는 6만 5000명으로 줄어들었다.

마이클 맥기핀 도시계획 담당관은 제철소가 문을 닫던 날을 잊을 수 없다고 말한다. "그날을 사람들은 '블랙 먼데이'라고 부릅니다. 말 그대로 수천 개의 일자리가 완전히 사라졌죠. 정말 절망적이었습니다. 공장지대와 직접 연관된 산업들도 사라졌어요. 인구가 절반으로 줄었으니 결국 식당들도 절반이 문 닫은 셈입니다. 식료품점이나 세탁소, 택시도 마찬가지죠."

이 지역에 남아 있는 사람들은 언제 또 일자리가 사라질지 모른다는 불안감을 갖고 있다. 그리고 자신들을 외면한 엘리트 기성 정치를 신뢰할 수 없다고 말한다. 철강 노동자인 브라이언 셰인 씨도 마찬가지다. "나프타(NAFTA, 북미자유무역협정)가 처음 체결되었을 때 모두가 좋을 거라고 생각했어요. 하지만 우리가 만들던 것들이 해외에서 제조되기 시작하면서 갑자기 일자리가 미국에서 사라졌습니다."

트럼프는 바로 이러한 백인 노동자들의 상실감을 꿰뚫어봤다. 그리고 자국 우선주의를 내세우며, 과거의 영광을 되살리겠다고 자극했다. 영스타운의 시민들에게 당은 더 이상 의미가 없다. 민주당이든 공화당이든 그저 자신의 문제를 해결해주는 곳에 투표할 뿐이다. 그리고 말한다. "이제 중요한 것은 각 당의 후보들이 어떻게 우리의 일자리와 생계, 가족을 지킬 것인가"라고.

미 대선에서 많은 미국 시민들이 원했던 건 '변화'였다. 전임 대통령인 오바마의 인기가 높긴 했으나, 미국 사회는 금융위기의 여파로 경제가 완전히 회복되었다고 보기 어렵다. 불평등과 실업에 대한 분노 역시 높다. 민주당이든 공화당이든 상관없이, 내 삶을 망가뜨린 기성 정치, 엘리트 정치, 기득권 정치에 대한 분노와 실망이 보편적이다. 민주당 후보였던 힐러리 클린턴은 부유한 엘리트 계층을 대변하는 인물로 자리매김되었고, 선거 기간 동안 미국의 저소득층, 노동자층을 대변하는 행보를 보이지 못했다. 이를 기회로 트럼프는 기성 정치에 대한 분노와 실망감을 등에 업고 예측 불가능한 자신의 시대를 열었다.

보수냐 진보냐에 관계없이 지금 전 세계 곳곳에서 기성 정치에 대한 염증과 혐오가 정치판을 뒤흔들고 있다. 브라질에서 룰라 대통령에 이어 당선됐던 노동자당의 지우마 호세프 대통령은 독재에 맞서 싸운 민주투사였다. 그러나 브라질 최대 공기업 페트로브라스가 정치인들에게 뇌물과 리베이트를 제공한 엄청난 부패 사건이 터졌고, 여기에 브라질 노동자당 정치인들도 연루되어 있다는 사실이 밝혀졌다. 거리로 쏟아져 나온 시민들은 호세프 정부는 물론 정치권 전체를 향해 분노를 표출했지만 우익 정치인들은 정부를 공격하는 데 이 상황을 이용했다. 게다가 브라질 경제가 저성장 기조를 걸으면서 지우마 호세프 대통령은 분배보다 성장 위주의 정책 기조를 택했고, 전통적 지지층이었던 청년과 노동자층의 지지를 잃었다. 결국 지우마 호세프 대통령은 탄핵되었다.

유럽에서는 영국의 브렉시트에 이어 소위 넥스트 엑시트(Next Exit), 즉 EU 탈출을 부르짖는 극우정당들이 국민의 지지를 받고 있다. 2017년 프랑스 대선에서도 극우파인 마린 르펜이 결선투표에 올랐는데, 마크롱에게 패배하기는 했지만 프랑스에서 극우 성향의 후보가 대선 결선투표에 오른 것은 2002년 이후로 15년 만의 일이다.

이상하지 않은가. 한쪽에서는 급진적 민주주의를 내세운 정당들이 엄청난 인기를 끌고 있고, 한쪽에서는 오히려 민주주의의 후퇴로 보이는 현상이 벌어지고 있다. 이 상반된 현상을 어떻게 이해해야 할까. 근원을 들여다보면, 사실 두 현상의 뿌리는 같다. 양쪽 모두가 똑같이 공유하는 분노가 있다. 그것은 바로 기성 엘리트 정치에 대한 비판이다. 그렇다면 도대체 기성 정치의 어떤 점에 사람들이 분노하는가.

이에 대한 해답은 정치 본연의 의미를 다시 들여다보는 데서 찾을 수 있다. 정치란 무엇인가. 여러 의미와 역할이 있겠지만, 정치학 교과서에 가장 먼저 등장하는 구절은 '사회적 가치의 권위적 배분'이다. 이 말이 혹시 낯설게 들리는가. 우리는 흔히 정치를 '권력을 탐하는 자들의 리그'로 생각해왔다. 그러나 정치의 본질은 그런 것이 아니다. 모두의 뜻을 모아 공공의 자산을 관리하고 분배하는 행위다. 다시 말해 자원을 어떻게 분배해야 바람직한지, 그 우선순위에 따라 정책 방향을 조정하는 일이다. 선거는 이 역할을 잘할 사람을 판단하고 결정하는 행위다. 그런데 정치가 공정한 자원분배, 공정한 심판자 역할을 하지 못하면 어떻게 될까.

공정한 심판자 역할을 망각한 정치

미국경제정책연구소의 조사에 따르면, 노동자와 CEO 간의 소득 격차가 무려 300배라고 한다. 노동자의 소득이 10퍼센트 인상되는 동안 CEO의 소득은 1000퍼센트 가까이 증가했다. 정치가 공정한 자원 분배를 위해 존재한다면, 이렇게 불평등한 경제 시스템은 정치가 처참하게 실패한 결과로밖에 볼 수 없다. 정치권에 분노와 불신이 쏟아지는 것은 어쩌면 당연한 결과다. 미국에는 우스갯소리로 이런 말이 있다. "억만장자는 한 대의 비행기와 두 대의 요트, 네 채의 집 그리고 다섯

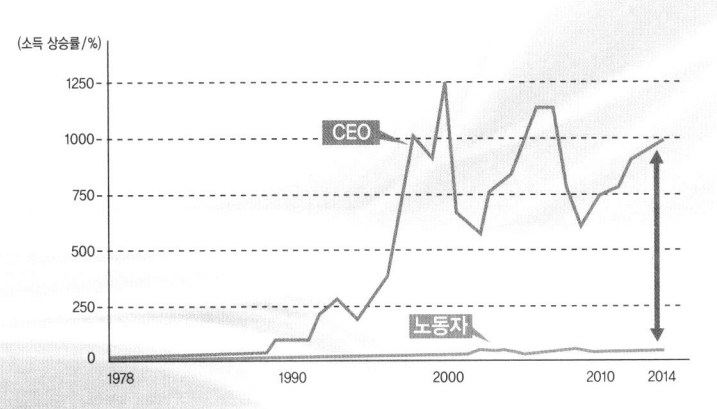

지금의 정치가 공정한 자원분배 역할을 하고 있을까? 미국경제정책연구소의 조사에 따르면, 노동자와 CEO 간의 소득 격차가 무려 300배에 달하는 것으로 나타났다. (1977년 0% 기준)

명의 정치인을 소유한다!"

우리 사회의 정치 시스템이라고 다를 것은 없다. 실제로 대한민국은 OECD 국가 중 소득 격차가 미국 다음으로 높은 나라다. 상위 10퍼센트의 사람들이 전체 소득의 45퍼센트를 차지하고 있다. 불평등의 확산 속도로만 놓고 보면, 단연 세계 최고다.

네덜란드의 경제학자 얀 펜이 분석한 소득 불평등 이론인 '난쟁이 행렬'로 한국 사회의 소득분포를 살펴보면, 우리 사회의 소득 불균형이 얼마나 심각한지 여실히 드러난다. 우리나라 사람들이 한 시간 동안 소득 순서대로 행진한다고 했을 때, 30분이 넘도록 키가 1미터도 되지 않는 작은 사람들, 즉 저소득층이 끝없는 행진을 벌인다. 40분이 되어

◆ 한국의 '난쟁이 행렬'

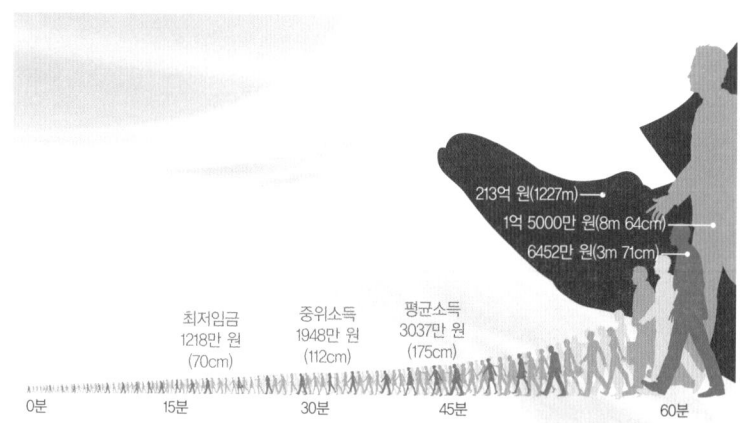

213억 원(1227m)
1억 5000만 원(8m 64cm)
6452만 원(3m 71cm)

최저임금
1218만 원
(70cm)

중위소득
1948만 원
(112cm)

평균소득
3037만 원
(175cm)

0분　　15분　　30분　　45분　　60분

우리나라 사람들이 한 시간 동안 소득 순서대로 행진하는 모습을 그린 것이다. 키는 곧 소득을 의미하는데, 40분 정도가 돼서야 평균소득자가 나타나고, 그 이후로는 수직 상승한다. 거인들은 발끝밖에 보이지 않는다. (기준: 2013년 국세청 통합소득 100분위)

서야 겨우 키 175센티미터, 우리나라의 평균소득인 1년에 약 3000만 원을 버는 사람들이 등장한다. 완만하게 증가하던 그래프는 행진이 끝나기 1분 전 갑자기 수직 상승한다. 바로 상위 1퍼센트, 거인들의 행진이 비로소 시작된 것이다.

　이와 같은 불평등이야말로 정치가 반드시 해결해야 할 일이다. 하지만 다수 국민에 의해 선출된 많은 정치인들은 국민의 대표임을 망각한 채 서민이 먹고사는 문제에 제대로 관심을 기울이지 않았다. 평범한 시민들의 요구를 적극적으로 수용하기보다는, 돈과 권력을 가진 기득권을 위한 정치를 펼쳐왔다. 이로써 부와 가난은 계속 대물림되고, 우리 사회를 변화시켜온 에너지인 '기회의 사다리'는 사라지고 있다.

한국 사회의 '난쟁이 행렬'을 보면서 어쩔 수 없이 떠오른 것은 2017 년, 28년 만에 재현된 재벌총수 청문회 장면이다. 이들은 한결같이 '돈을 지원하기는 했지만 부정한 청탁은 아니었다. 대가를 바라지 않았다'고 말했다. 하지만 재벌들이 낸 800억 원에 이르는 어마어마한 돈이 과연 국가의 자원, 세금과 정책의 우선순위를 결정하는 데 아무런 영향도 미치지 않았을까?

정치는 사회적 자원을 공정하게 나누는 행위

우리 사회에는 사회적 약자에게 힘을 주고, 권력을 가진 자를 바르게 이끌어야 할 정치가 실종됐다. 국가라는 공적 시스템이 사사롭게 남용됐고, 권력을 견제해야 할 기관들은 대통령의 힘 앞에 침묵했다. 2016 년 박근혜 대통령 탄핵 촉구 촛불 집회를 보도한 한 외신기자는 한국의 정치현실을 이렇게 꼬집었다. "한국은 일상생활에서 가장 정직한 나라 중 하나지만, 대통령이 머무는 곳에는 부패의 구름이 걷히지 않고 있다." 정의를 지키는 국민들과는 달리 돈과 권력이 머무는 곳, 정치경제의 상층부에는 부패가 끊이지 않는다는 것이다.

이러한 엘리트 카르텔형 부패는 사회정의지수에도 그대로 드러난다. 지난 2011년 조사된 OECD 국가들의 사회정의지수를 살펴보면 대한민국은 평균에서도 한참 아래인 끝에서 일곱 번째를 기록했다. 31개국 중 25위다.

무엇이 문제일까. 헌정 사상 초유의 국정농단 사태의 본질에는 분명 과도하게 집중된 권력구조가 있다. 단 한 명의 권력자인 대통령에게 지나치게 많은 권한을 부여하는 구조와 무관하지 않다는 것이다.

우리 헌법에는 권력의 독점을 막기 위해 삼권분립의 원칙을 명시하고 있다. 하지만 헌법을 뛰어넘어 잘못 운용될 수 있는 대통령의 권한이 있는데, 바로 '임면권(任免權)'이다. 대통령이 공식적으로 인사권을 행사할 수 있는 사람이 무려 7000명이 넘는다. 행정부 고위직은 물론이고, 헌법재판소, 검찰 조직, 국책은행, 공기업, 국가정보원, 국립대학, 국립병원, 선거관리위원회 등 수많은 기관의 주요 보직에 대통령이 추천하는 인사를 임명할 수 있다.

바로 이 수직적인 인사구조를 통해 대통령이 국가 전체에 제왕적 권력을 행사할 수 있는 것이다. 그렇다 보니 독립적으로 운영되어야 할 많은 공적기관들이 대통령의 눈치를 보거나 사실상 명령을 받들어야 하는 하위기관으로 전락했다. 아이러니하게도 법치주의가 지켜져야 할 21세기에, 왕조시대와 같은 1인 지배가 가능하게 된 것이다.

이로써 국가 경제와 안보가 걸린 주요 정책들이 각 부처와의 협의 없이 대통령의 단독 결정으로 추진되고, 견제받지 못한 권력, 일방적으로 이뤄진 정책이 어떤 갈등을 초래하는지는 우리 국민들이 수없이 경험하게 되었다. 중국과의 극심한 외교 문제를 일으킨 사드 배치 역시 합리적인 의사결정과 공론화 과정을 생략한 결과, 엄청난 갈등비용을 초래하고 있다. 북한 개성공단 폐쇄, 역사 교과서 국정화 등 대한민국의 미래와 관련된 중대한 일들도 마찬가지다.

아무리 대통령을 보좌하는 사람이 많다고 해도, 결국 최종의사결정권이 대통령 한 명에게 집중된다면, 단 한 명의 권력자가 정치, 경제, 외교 등 복잡하게 얽혀 있는 국가적 사안들을 완벽하게 해결할 수 있을까? 이렇게 대통령에게 과도하게 집중된 권력구조는, 대통령이 국민이 뽑은 임기 5년의 계약직 공무원일 뿐이라는 사실을 잊게 만든다. 5년은 생각보다 짧은 기간이다. 때문에 임기 동안에 내리는 결정 하나하나가 향후 몇 년, 몇십 년 뒤에 어떤 영향을 미칠지에 대해서 행정부 전체가 긴 안목을 가지고 결정해야 한다. 그러나 5년 임기 안에 모든 것을 바꾸려는 경향이 강하기 때문에 정책의 연속성이 떨어지는데, 이 역시 대통령의 권한이 매우 강한 탓도 있다.

또한 우리는 정당정치의 책임성이 매우 약하다. 사실상 한국 정치는 거대 양당 체제로 운영되어 왔는데, 이 두 정당은 그동안 정치권에 책임을 묻고 정치혁신을 요구하는 목소리가 일 때마다 매우 손쉬운 방법을 택해왔다. 바로 당명을 바꾸고 당 색깔을 바꿔서 대통령과 정당을 분리시켰을 뿐, 그 누구도 책임을 지지 않은 것이다.

민주주의 이론의 대가인 미국의 정치학자 로버트 달은 정치를 "국민에 의해 선출된 대표자가 국민에게 책임을 지는 과정"이라고 말했다. 그런데 왜 우리 정치에서는 아무도 책임지지 않아도 되었을까? 그 이유 중 하나는 한국 정치가 지나치게 독과점 구조로 성장해왔기 때문이다. 슈퍼마켓에서 과자 하나를 고를 때에도 수많은 선택지가 있다. 소비자들의 마음을 붙잡기 위해서 포장도 예쁘게 하고, 브랜드 이름도 근사하게 짓는 것은 물론, 소비자들이 원하는 것이 무엇인지, 소비자들에게 필요한 것이 무엇인지를 고민한다. 하지만 우리의 정당 정치는 어떤가?

지난 2016년 4월에 있었던 20대 총선 결과를 예로 들어보자. 국토 동쪽은 (구)새누리당이, 서쪽은 더불어민주당과 국민의당이 압도적으로 많은 의석을 장악했다. 향후 어떻게 변화할지 모르지만, 이제까지 지역주의는 정치 환경의 고정값이었다. 이렇게 고착된 정치환경 속에서 국민이 고를 수 있는 선택지는 사실상 정해져 있다. 정당이 어떤 잘못을 하더라도 각 지역 유권자들에게 다른 선택의 여지가 없다는 뜻이다. 그러니 정치인들이 시민을 위한 정치를 하지도 않고, 그 책임을 다할 필요성을 심각하게 느끼지 않는 것이다.

시민의 지지보다는 공천권이 정치인의 생명을 좌지우지했다. 그러다 보니 정치인들은 사실상 집권 여당의 수장인 대통령과 당 지도부의 선택을 받는 것을 더 중요하게 여긴다. 그렇게 선출된 국회는 대통령이 권력을 남용해도 책임을 묻기 어려운 게 당연하다.

무엇보다 승자독식의 선거구조가 바뀌어야 한다. 49퍼센트의 민의가 사표로 처리되는 사회에서는 다양한 국민의 의견이 정치권에 반영되기가 어렵다. 지난 총선에서 영남 지역의 새누리당 정당 득표율은

50퍼센트가 채 안됐다. 하지만 승자독식의 선거제도 때문에 전체 의석의 74퍼센트를 새누리당이 가져갔다. 실제 얻은 표보다 훨씬 많은 의석을 차지한 것이다. 때문에 다양한 의견을 내는 소수 정당의 의회 진입은 더욱 어려워질 수밖에 없다.

그동안 어떤 잘못을 해도 결국 자기들을 선택할 수밖에 없을 거라는 거대 정당들의 오만함이 주권자인 국민을 정치 영역에서 배제시켜왔다. 이제 어떤 식으로든 정치의 독과점 구조를 막고 시민들이 자유롭게 정치에 참여할 수 있는 방향으로 제도가 보완되어야 한다. 어떻게 하면 독과점 정치구조를 시민과 함께하는 생태계로 바꾸고, 정치의 진입장벽을 낮출 수 있을까? 정치 선진국으로 불리는 독일에서 힌트를 얻어보자.

정치의 진입장벽을 낮춰라

2016년 12월 독일의 집권 여당인 기독민주당의 전당대회장. 1000여 명의 대의원이 모인 자리에서 메르켈 총리는 총리직 4선 연임에 도전한다고 선언했다. 그런데 한국과 다른 모습이 눈에 띄었다. 의원석 곳곳에서 젊은 정치인들을 만날 수 있다. 당시 나이 스물아홉인 요하네스 슈타이니거 의원도 그중 하나다.

작은 시골마을에서 자란 슈타이니거 의원은 열다섯 살에 정당의 청년조직에 가입한 후 스물여섯에 독일 연방의회 의원이 됐다. 정치에 입문한 이유 또한 소박하다. "제가 청년조직에 가입한 이유는 고향 마을에 젊은 사람들을 위한 바비큐 공간이나 스케이트장을 만들고 싶었기 때문이에요. 그런 활동을 하는 청소년 그룹이 있었는데, 그 그룹을 통해 자연스럽게 정치에 참여하게 됐죠."

독일에서 청년 국회의원의 비율은 전체의 약 20퍼센트를 차지한다. 30세 미만의 국회의원 수도 열여덟 명이나 된다. 전당대회장에서도 청년들의 모습을 쉽게 찾아볼 수 있다. 이들이 당의 예산 결정과 집행에도 영향을 끼치기 때문에 정당은 자연스럽게 젊은 사람들의 요구에 부합하는 정치활동을 하게 된다.

14세 이상이면 누구나 정당의 청년조직에 가입할 수 있는 독일에서는 청년조직 활동이 훌륭한 정치 경력으로 인정된다. 정치에 대한 관심과 참여가 국회의원이 되기 위한 제1조건이기 때문이다. 슈타이니거 의원 역시 이를 통해 정치능력을 검증받았다. 그는 지역 주민들과 자주 소통하며 그들의 의견을 정치에 반영한다.

이렇듯 평범한 사람들이 일찍부터 정치의 주인공이 될 수 있는 환경 덕분에, 다양한 정치인이 나올 수 있고 그만큼 다양한 목소리가 정치권에 전달된다. 슈타이니거 의원은 "의회가 국민 전체를 대변해야 한다"고 강조한다.

"젊은 사람, 나이 든 사람, 부자와 빈자, 고학력자와 수공업자 등 모두를 대변해야죠. 다양한 사람들이 의회 안에 섞여 있는 것이 중요해요."

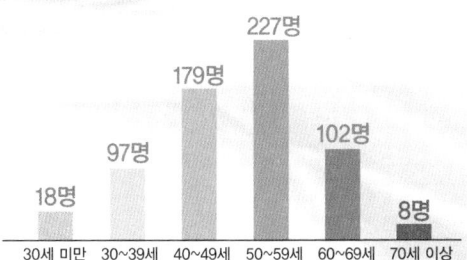

독일 연방의회 의원 연령대별 분포 (2013년 18대 하원선거)

- 30세 미만: 18명
- 30~39세: 97명
- 40~49세: 179명
- 50~59세: 227명
- 60~69세: 102명
- 70세 이상: 8명

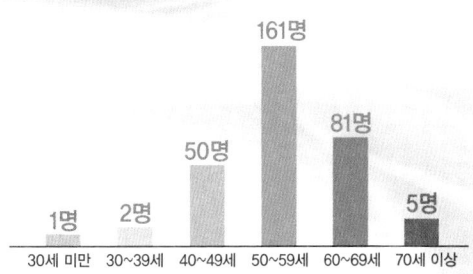

우리나라 국회의원 연령대별 분포 (2016년 20대 총선)

- 30세 미만: 1명
- 30~39세: 2명
- 40~49세: 50명
- 50~59세: 161명
- 60~69세: 81명
- 70세 이상: 5명

독일에서 청년 국회의원은 631명 중 115명으로, 전체의 약 20퍼센트다. 반면 대한민국의 청년 국회의원은 300명 중 단 세 명에 불과하다.

그러나 지금의 한국 정치로 시민의 다양한 의견을 수렴할 수 있을지 의문이다. 20대 국회의원의 연령대만 살펴봐도 독일과 대조적이다. 평균 연령은 55.5세이고, 20대는 단 한 명에 불과하다. 국회의원 300명 중 130여 명이 법조인·관료·교수 출신에, 평균 재산이 39억 원이 넘는다. 과연 시민들이 겪는 일상의 문제를 직접 경험해보지 못한 사람이 청년실업, 저출산, 복지 등 여러 민생 문제를 해결할 수 있을까?

우리 정치가 이렇게 '그들만의 리그'로 전락한 이유는 대표자들이 국민을 실제로 '대의'하지 못하기 때문이다. 무엇보다 시민들이 선출 과정에만 참여하고, 일상적인 정치 활동에서는 배제되는 폐쇄적인 정치구조가 한몫한다. 현재 시민이 정치에 참여할 수 있는 방법은 사실상 선거가 유일하다. 그 중요한 선거를 할 때조차 유권자로서 알아야 할 많은 정보가 차단돼 있다. 우리의 선거 과정이 얼마나 폐쇄적인지 함께 살펴보자.

유권자를 구경꾼으로 만드는
한국의 정치문화

2016년 촛불집회가 한창이던 토요일 서울 광화문 거리, 유난히 많은 사람의 눈길을 끄는 것이 있다. 바로 팝아티스트 이하 작가가 시국을 풍자해 그린 그림이다. 그는 전국 방방곡곡을 돌며 시민들을 만났다. 직접 디자인한 대통령 퇴진 스티커도 무료로 나눠주었다. 이하 작가의 정치적 의사 표현에 대해 시민들은 어떻게 생각했을까?

"재미있게 즐길 수 있는 정치문화여서 보기 좋습니다. 이런 행위가 법적으로 문제가 된다면 그 법이 문제겠죠?"

"한국은 표현의 자유가 있는 나라잖아요. 전혀 문제 될 게 없죠. 오히려 정치에 참여하는 방법으로 굉장히 효과 있는 거 아니에요?"

하지만 표현의 자유가 보장될 것이라는 시민들의 생각과 달리, 이하 작가의 작품활동은 순탄치 못했다. 그는 지난 2012년 대선 당시, 후보자를 풍자한 포스터를 거리에 부착해 선거법 위반 혐의로 기소됐다. 여러 차례 법원을 드나든 끝에 국민참여재판으로 무죄판결을 받았다.

"이런 일로 제가 재판받을 줄은 상상을 못 했습니다. 미국에 있을 때 오바마 대통령 선거가 있었거든요. 엄청나게 많은 사람들이 나와서 각자 자기들끼리 모여 선거운동을 하고, 꼬마들도 함께했어요. 투표권도 없는 꼬마들이요. 그걸 보고 굉장히 신선한 충격을 받았어요. 한국도 비슷할 거라고 생각했는데. 6개월 전부터 아무것도 못 하게 하는 선거법이 있는지 상상도 못 했어요. 지금은 알죠. 재판까지 받아봤으니까."

후보자의 자질을 검증해야 할 선거운동 기간 동안, 유권자들이 할 수 있는 일은 많지 않다. 선거법 제58조 제2항에 "누구든지 자유롭게 선거운동을 할 수 있다"고 되어 있지만, 이 원칙을 순진하게 믿어서는 안 된다. 2016년 2월, 청년유니온 김민수 씨는 국회의사당 정문 앞에서 피켓을 들고 40분간 1인 시위를 했다. 피켓에는 "청년 구직자의 노력을 비웃는 채용비리 인사가 공천되어서는 안 됩니다"라는 문구와 함께 최경환 당시 새누리당 의원의 이름과 사진이 포함돼 있었다. 검찰은 총선이 끝난 뒤 김민수 씨를 선거법 위반 혐의로 기소했다. 선거 180일 전부터 선거일까지의 기간에 선거에 영향을 미치기 위한 광고물(피켓)을 설치·게시했다는 이유였다.

청년유니온은 취업과 주거 문제 등 청년의 목소리를 정치권에 전달해온 단체다. 지난 20대 총선에 취업을 앞둔 청년의 입장에서 후보자들의 이력과 공약을 평가하면서 이와 같은 1인 시위를 했다. 김 씨는 국민참여재판으로 진행된 1심에서 무죄판결을 받았지만, 그러기까지 많은 피해를 입었다.

"검찰 조사받는 데 두 시간, 경찰 조사 두 시간, 재판 왔다 갔다…, 이건 일반 시민 입장에서 너무 말이 안 되는 비용이에요. 시민들은 자기가 일상적으로 겪고 있는 문제에 대해서 자유롭게 이야기할 수 있어야 합니다. 저희가 주로 다루는 이슈는 청년의 취업 문제나 일자리의 질 문제인데요. 저는 이번 과정을 통해서 언로(言路)가 다 차단되어 있다고 느꼈어요."

대한민국의 공직선거법은 조항이 270개가 넘는다. 글자 수로 따지면 원고지 1400장이 넘는 분량인데, 이 방대한 선거법을 한마디로 요약하면 '가만히 있으라'는 것이다. 우리나라의 선거법은 정해진 기간 내에, 정해진 사람만, 정해진 방식으로 정치에 참여하도록 규정하고 있다. 이는 주권자인 국민을 구경꾼에 머물도록 하는 조치다. 과연 이런 상황에서 후보자의 철학, 이력, 정책 방향을 면밀히 들여다볼 수 있을까?

왜 이와 같은 선거법이 만들어졌을까. 현행 선거법의 근간이 마련된 1950년대만 하더라도, 돈 봉투 살포와 같은 부정선거가 끊이지 않았다. 이 때문에 후보자와 유권자의 만남을 최소화하는 지금의 까다로운 선거법 조항이 생겨났다. 하지만 정치인과 유권자를 갈라놓는 제약들은 결국 시민을 정치에서 소외시켰다. 우리가 먹고 자고 숨 쉬듯, 정치도 일상에서 자유롭게 이뤄져야 한다. 정치가 시민들 곁으로 다가갈 수 있도록 무엇을 어떻게 바꿔나가야 할까? 이하 작가가 이야기한 미국의 경우는 어떨까.

트럼프 아이스크림 vs 힐러리 아이스크림

—

미국 대선 당시 찾아간 뉴욕의 트럼프타워 앞, 선거를 앞두고 트럼프 지지자들과 반대자들이 흥미로운 광경을 펼치고 있다. 많은 지지자들이 트럼프의 이름을 외친다. "우리는 트럼프 지지자들이에요. 사람들이 트럼프에게 투표하도록 설득하고 있어요. 클린턴은 미국인들에게 거짓말을 했어요. 그들은 법도 헌법도 존중하지 않아요."

하지만 이들을 제재하는 사람은 아무도 없다. 공공장소에서 후보자의 이름을 연호하지 못하게 하는 한국과 상당한 차이가 있다. 한쪽에서는 트럼프에 반대하는 시위도 한창이다. "저는 트럼프 반대 티셔츠를 입고 트럼프타워 앞에 서 있을 수 있다는 것이 자랑스러워요. 누구도 저를 괴롭힐 수 없죠. 이게 미국입니다."

일상과 어우러지는 선거문화 덕분에 선거철이면 이색적인 가게도 만나볼 수 있다. 역대 정치인들에게 큰 사랑을 받아온 한 아이스크림 가게는 선거를 적극적인 마케팅 수단으로 활용하고 있다. 이곳에서는 미국 대선을 맞아 특별한 메뉴를 선보였다. 바로 두 후보의 이름을 딴 아이스크림이다. 트럼프 아이스크림에 올린 초콜릿 장벽이 재미있다. 도널드 트럼프가 집권하고 나면 국경에다 장벽을 치겠다는 것을 상징한 것이다. 아이스크림을 구매한 고객들은 둘 중 좋아하는 아이스크림에 투표할 수 있다. 아이스크림 가게는 선거일에 투표용지를 세어 누가 '아이스크림 선거'에서 승리했는지 발표하기도 했다.

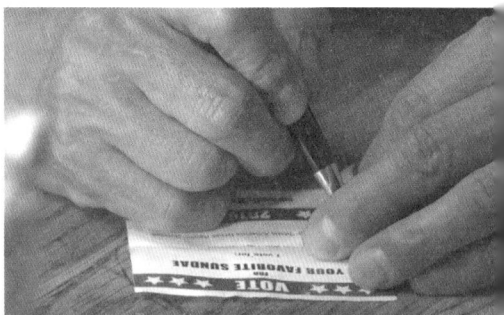

힐러리 아이스크림에는 미셸 오바마의 지지 멘트가 적혀 있고, 트럼프 아이스크림에는 그의 선거 구호였던 '미국을 다시 위대하게'가 적혀 있다. 아이스크림을 먹은 뒤에는 좋아하는 아이스크림에 투표도 할 수 있다.

선풍적 인기를 끈 포켓몬고를 본떠 만든 '힐러리 트럼프 고!'라는 게임도 있다. 투표소 주변에 숨겨진 대통령 후보자의 캐릭터를 찾는 게임이다. 원하는 후보의 캐릭터를 선택한 후 스마트폰을 흔들면, 인증 사진을 찍어 SNS에 올릴 수 있다.

이렇듯 미국에는 재미있고 자유롭게 자신의 정치적 의견을 표출하는 이벤트들이 많았다. 우리와 달리 선거법 위반 논란이 없기 때문이다. 무엇보다 선거는 후보자와 그 지지자들만의 일이 아니라, 국민 모두가 함께 참여하는 일이라는 생각이 밑바탕에 있다. 서로 지지하는 후보가 다른 이들끼리 격렬한 토론을 벌이기도 하지만, 생각이 달라도 대화를 해야 한다는 원칙을 갖고 있다. 그리고 자신이 지지하는 근거를 충분히 찾아보고 제시하는 데에도 거리낌이 없다.

반면 우리 사회는 아직까지 어떤 정당을 지지하는지, 어떤 후보를 지지하는지를 서슴없이 밝히는 것을 좋지 않게 여기는 풍토가 있다. 무엇보다 나와 다른 정치적 성향을 가진 이들을 설득하기보다는, 상종 못 할 사람으로 여기는 경향까지 있다. 한번 정해진 정치적 성향을 잘 바꾸려고 하지도 않는다.

이런 문화를 바꾸기 위해서라도 국민들이 정치에 더욱 관심을 갖고 참여할 수 있는 시스템을 만들어야 한다. 무엇보다 투표 이외의 방법으로 정치에 참여하고 정치를 견제할 수 있는 시스템이 필요하다. 어떻게 하면 그러한 시스템을 만들 수 있을까. IT를 무기로 이러한 시도를 하고 있는 곳을 찾아가 보았다.

강한 유권자 시대, 참여와 견제가 답이다

대통령 탄핵소추안이 가결된 2016년 12월 9일, 민주주의의 미래를 고민하는 사람들이 한자리에 모였다. 이들은 IT라는 공통의 관심사를 가진 사람들로, 10대부터 60대까지 다양한 연령대가 함께했다.

참석자들은 24시간 동안, 네 팀으로 나눠 모두가 쉽게 참여할 수 있는 온라인 정치 플랫폼을 만들었다. 여러 사람이 머리를 맞댄 결과 다양한 아이디어들이 쏟아졌다. 밤을 지새웠지만 다들 피곤한 기색 하나 없다. 이들은 이날의 결과물이 시민들의 관심과 참여를 유도해 우리 정치를 변화시키기를 기대한다. 행사 기획자인 이덕화 씨는 간접 민주주의에서 한 발 나아가 직접 민주주의에 가까운 시스템을 마련하는 방법으로 IT 기술을 활용하는 행사를 기획했다.

"국민이 주인 행세를 할 수 있는 방식을 IT로 찾아보고자 한 게 제일 큰 목적이에요. '나는 단지 이 사람을 믿고 뽑아줬다'라는 게 지금까지의 정치 참여 방법이었어요. 이제는 시민이 직접 참여하고, 각자의 의견을 점점 더 적극적으로 표출해야 국회가 국민을 무서워하게 할 수 있다고 생각합니다."

독일에서는 이미 IT 기술이 기성 정치권을 각성시키고 있다. 2004년에 만들어진 한 시민단체는 온라인에서 시민들의 정치활동을 돕는다. 시민들이 궁금해하는 사항을 국회의원에게 전달하고 이에 대한 답변을 홈페이지에 공개한다. 매달 700건이 넘는 질문들이 올라오고 있다. 대부분의 국회의원들은 질문에 성실하게 답변한다. 소통하지 않는 정치인은 국민의 신뢰를 얻을 수 없기 때문이다.

이 사이트를 이용해 정치인에게 적극적으로 질의하는 헬레나 펠토넨 씨는 정치에 대한 참여와 감시를 통해 독일인들 스스로 강한 유권자가 되고 있다고 말한다. "예전에는 혼자 연방의원에게 직접 이메일을 보내 답변을 받곤 했는데, 그건 정치적으로 그다지 의미가 없었어요. 하지만 모두가 공개적으로 질문과 답변을 볼 수 있게 되면 중요해지죠."

앞에서 살펴본 스페인의 신생 정당 포데모스의 성공도 '온라인 정당'을 표방하며 유권자들이 적극적으로 참여할 수 있는 시스템을 구축했기 때문이다. 아르헨티나의 한 IT 플랫폼 개발자는 정치에 관해 이런 말을 했다. "21세기에 사는 우리가 19세기에 고안된 정치제도와 부딪히며 살아간다."

지금까지 우리는 대표자를 선출하고 그들에게 권한을 위임하는 대의 민주주의를 최선의 정치 시스템이라 여겼다. 때로는 정치를 정치인들만의 영역이라 생각하며 일상과 분리시키려고 했다. 하지만 이제 시민이 주체가 되어 그 변화를 이끌어내고 있다.

이미 우리는 지난 18대 대통령 탄핵소추 과정에서 광장에 나와 촛불만 들었던 것이 아니다. IT를 바탕으로 정치적 의사를 적극적으로 표현하며 새로운 민주주의의 가능성을 실험했다. 아주 쉽게는 지역구 의원에게 직접 이메일로 탄핵 청원을 하고, 문자와 전화로 성난 시민의 뜻을 전달했다. 온라인에서 함께 토론하고, SNS로 정보를 교환했다. 오프라인 광장과 온라인 광장을 종횡무진으로 활동하며 수없이 이루어진 이런 정치 참여의 열기가 당리당략을 고민하며 탄핵을 주저하던 국회의원들을 움직였고, 결국 234대 56이라는 압도적인 표차로 시민의 뜻을 받들게 했다.

이제 많은 국민들은 단순히 저항하고 분노하는 데 그치지 않고, 강한 유권자가 되기를 선언한다. 정치의 위기를 바로잡는 힘이 주권자인 국민에게 있다는 사실을 시민들 스스로가 보여주고 있다.

부패 정치인이 가장 환영하는 것은
유권자의 무관심

———

한국정치연구소가 2012년 조사한 바에 따르면, "나를 대표하는 정당이 있느냐"라는 질문에 우리나라 국민의 약 80퍼센트가 없다고 응답했다. 정당이 시민의 지지를 받지 못하고 외면받는다면 존립할 이유가 과연 있을까? 먹고사는 문제에 보수와 진보를 구분 짓는 것은 무의미하다. 사람들이 하루하루를 살아가면서 필요한 정책은 영남 사람과 호남 사람이 다르지 않다.

그동안 국민에게 뿌리를 둬야 할 정치는 권력만을 바라본 채 시민들의 삶과 시대의 문제를 외면했다. 이제 우리 정치가 이념 갈등, 진영 논리에서 벗어나 누구를 위한 정당인지, 누구를 위해 존재하는지 증명할 때다. 그리고 시민과 함께하는 새로운 정치의 서막을 열어야 한다. 한때 사람들은 정치가 밥 먹여 주느냐며 정치권에 냉소를 던지고, 스스로의 권리를 돌보지 않았다. 낮은 투표율이 그 단적인 증거다. 그런데 부패한 기득권 정치인이 가장 환영하는 것이 바로 유권자들의 무관심이다.

우리나라 유권자의 소득 계층별 투표율을 살펴보면, 월 소득 100만 원 이하의 투표율(70.7퍼센트)보다 월 소득 700만 원 이상의 투표율(76.7퍼센트)이 6퍼센트포인트 높다. 거주 형태로 살펴봐도 주택을 소유한 사람이 그렇지 않은 사람보다 투표율이 더 높았다.(10퍼센트포인트 격차) 그

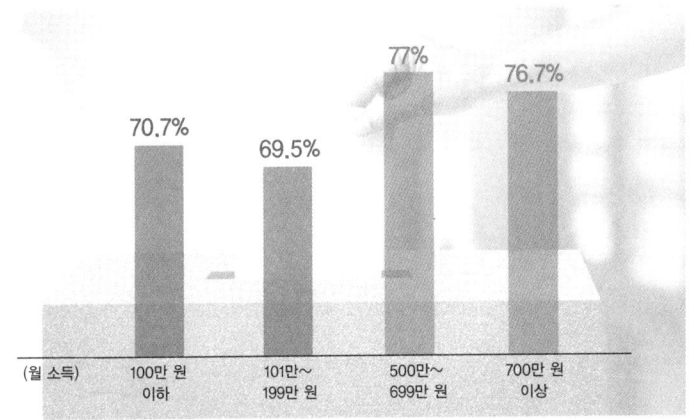

지금처럼 빈부에 따른 투표율 격차가 지속된다면, 결국 투표를 많이 하는 집단으로 힘이 쏠리면서 정치도 힘의 균형을 잃을 수밖에 없다. (출처: 〈불평등과 민주주의〉, 신광영)

런데 만약 이런 투표 결과가 지속된다면 우리 사회는 어떻게 될까? 결국 투표를 많이 하는 집단으로 힘이 쏠리면서 정치도 힘의 균형을 잃을 수밖에 없다.

투표는 정치권에 자신의 의사를 전달하는 과정이다. 목소리를 내지 않으면 세상은 나의 말에 귀 기울여주지 않는다. '그들만의 리그'로 전락한 기성 정치가 나의 문제를 해결해주지 않는다고 외면해 버린다면, 부패하고 폐쇄된 정치구조가 고착되도록 방조하는 셈이다. 보기 싫은 정치일수록 적극적으로 참여해서 변화를 이끌어내려는 노력이 필요하다.

매년 한 해를 상징하는 사자성어를 발표해온 《교수신문》은 대통령 탄핵소추안이 가결되었던 2016년을 마무리하는 사자성어로 '군주민수(君舟民水)'를 선정했다. '물은 백성, 배는 임금'이라는 뜻으로, 물이 배를 뜨게 할 수도 있지만 동시에 배를 뒤집을 수도 있다는 의미를 담고 있다. 이제 정치에 책임을 묻고, 시민이 국가의 주인이 되는 새로운 정치문화를 만들어야 한다. 정치를 바로잡기 위한 조건은 원래 정치의 기능을 복원하는 것이다. 정치의 공공성을 복원하기 위해, 시민의 일상 속에서 정치가 이루어지도록 해야 한다. 평범한 사람들이 주인공이 되는 세상, 그 첫걸음은 이미 시작됐다.

정치의 일상화, 일상의 정치화를 위하여

배선정 PD

2016년 11월 8일, 제45대 미국 대통령 선거일 아침, 뉴욕의 한 투표소 근처에서 낯선 광경을 만났다. 노란색 단체복을 입은 네댓 살 정도의 유치원 아이들이 줄지어 걸으면서 이렇게 외치고 있었다.

"전 투표를 못 하지만 여러분은 할 수 있어요! (I can't vote but you can!)"

인근 유치원에 다니는 어린아이들이 투표 독려 캠페인을 펼치고 있었던 것이다. '짝짝짝' 박수 소리에 맞춰 구호를 외치다가 길에서 어른들을 마주치면 작은 팸플릿을 나눠주었다. 선거인 자격과 등록 마감일, 대통령을 포함해 투표 당일 뽑아야 하는 직위 등 투표와 관련된 정보가 담긴 팸플릿이었다. 작은 고사리손으로 건네면서 꼭 투표해 달라고 말하고 있었는데, 투표권이 없는 아이들이 자신들을 대신해서 꼭 투표해 달라고 목소리를 높이는 것이 인상적이었다. 한국에서는 부모가 투표소에 아이들을 데려가서 보여주는 경우가 있긴 하지만 교육과정에서 이런 캠페인 활동을 하는 것을 보지 못했기 때문이다.

이 '투표합시다!' 캠페인은 매년 교육의 일환으로 진행되고 있는데

2016년 대선을 앞두고 더욱 중요하게 다뤄지고 있었다. 지도교사인 카니 유 씨는 이런 활동을 통해 아이들이 투표의 중요성과 역사를 배우고, 누구나 투표할 수 있다는 점을 아는 것이 중요하다고 말했다. 또 투표나 선거 활동이 일상의 습관이 되길 바란다고 했다. 아이들이 성장해 실제로 투표할 수 있는 나이가 되었을 때, 준비되어 있도록 하는 것이 교육의 목적이라는 것이다.

정치 교육은 학년에 따라 다르게 진행된다. 유치원 과정에서는 간단하게 누가 후보자인지를 배우고, 교실에 마련된 작은 투표소에서 어른들이 투표하듯이 따라 해본다고 했다. 학년이 올라가면 아이들이 언론을 통해서 접하는 정보도 많아지기 때문에 수업에서 전달하는 내용도 달라진다. 2~3학년쯤이 되면 정책에 대해 이야기하고 토의를 진행한다고 한다.

취재 기간에 고등학생들이 모의 투표하는 과정을 참관할 수 있었다. 네 명의 학생이 실제 대선 후보의 대리 후보가 되어 정책을 발표하고 실제 투표까지 진행하는 수업이었다. 학생들은 발표하는 동안 자신이 어떤 대선 후보를 대리하는지 말하지 않았으며, 당명도 흰머리독수리당, 자유부분당, 워싱턴당과 같은 가명을 사용했다. 집계도 바로 이루어졌다. 교사는 당선 결과와 함께 각 학생들이 실제로 어떤 후보를 대리해 정책을 발표했는지 알려주었는데 학생들의 반응이 좋았다. "1번

학생은 힐러리 클린턴을, 2번 학생은 도널드 트럼프를 대변해 정책을 발표했습니다"라는 교사의 말이 끝나자 일부 학생들이 웃음을 터뜨렸다. 아마도 자신이 투표한 사람과 평소 자신이 지지하는 사람이 달라서였을 것이다.

이 학교의 교장은 후보자들에 대한 선입견을 배제하고 근본적인 정책을 다루었을 때, 누구를 뽑을지 생각하게 하는 것이 중요하다고 했다. 후보자와 그들의 발언, 정책 내용을 연결 짓게 되면 교사 개인의 의견이 전달될 수도 있기 때문에 학생들 개인의 의견을 수립하는 데 걸림돌이 될 수 있다고 생각하는 것 같았다. 아이들에게 수업을 통해 무엇을 얻었는지, 정치란 무엇이라고 생각하는지 물었다.

"민주주의 사회의 구성원으로서 누가 나를 대표할지 고르는 것은 매우 중요해요. 투표권이 없더라도 지금 이렇게 배워서 나중에 권리를 행사하고, 변화를 만들어나갈 수 있다고 믿어요."

"정치는 사람들의 삶과 관련이 있어요. 정치에 대해 배우지 않는다면, 정치뿐 아니라 이와 관련되어 있는 사람들을 무시하는 것이라 생각해요. 이런 배움이 사람에 대한 이해와 미국이란 나라에 대해 더 잘 알게 해줄 거라고 생각해요."

생각보다 수준 높은 답이 돌아왔다. '정치 교육을 하기에 나이가 너무 어린 것은 아닌가'라는 생각이 무색해졌다. 성숙한 민주시민으로 자연스럽게 성장할 수 있는 환경이 부러웠다.

아이들을 보면서 학창시절을 돌이켜봤다. 12년의 교육과정을 거치면서 사회 시간에 민주주의, 선거, 투표의 개념과 역사에 대해서 배우긴 했지만 일상생활과 크게 맞닿아 있다고 생각해본 적이 없었다. 책 속의 텍스트로만 접했기 때문이다. 그래서 막상 성인이 되어 투표권을 갖게 되었을 때, 어떤 기준으로 후보를 고르고 투표해야 하는지 몰라 당황했던 기억이 났다. 대부분의 사람들도 마찬가지일 것이다. 준비가 되어 있지 않은 것이다.

그리고 투표하는 것만으로 권리와 의무를 다했다고 생각하는 경우도 많다. 정해진 날에 투표를 하고 나면 그 이후에 정치가 어떻게 돌아가는지 관심 갖지 않는 것이다. 어떻게 보면 투표 이외에 정치에 참여하는 방식을 잘 모르기 때문일 수 있다. 사실 정치는 일상과 분리된 별도의 영역이 아니다. 사람들의 삶과 관련된 여러 가지를 결정하고 자원을 배분하는 것이기 때문에 누구나 일상생활에서 지속적으로 정치에 관심을 가져야 한다. 정치에 무관심한 대가를 우리는 지난 몇 달을 통해서 뼈저리게 경험했다.

유권자들이 가만히 있으면 폐쇄적인 구조 속에서 여러 문제가 불거질 수밖에 없다. 시민들 스스로 강한 유권자가 되어야 한다. 권력이 국민 위에 군림하는 게 아니라 국민에게 위임받는 것임을 보여주어야 한다. 그 시작은 정치의 일상화에서 비롯된다고 생각한다. 생활로써 정치를 접해야 한다. 우리나라 초선 국회의원들의 인터뷰를 보면 '정치를 하자고 마음먹었을 때 막상 무엇부터 시작해야 하는지 몰랐다. 어떻게 하면 국회의원이 되고, 정치를 할 수 있는지 방법을 알지도 못해 막막했다'라는 내용을 자주 볼 수 있다. 우리의 정치가 일상과 얼마나 괴리되어 있는지를 보여주는 한 예라고 생각한다.

미국에서 만난 아이들처럼 어렸을 때부터 자연스럽게 정치를 접하고 성장할 수 있다면, 또 방송에 나온 독일의 청년 국회의원처럼 동네에 바비큐장 만들기와 같은 소박한 꿈이 정치활동으로 이어질 수 있는 환경이 된다면, 우리의 정치도 달라질 수 있을지 모른다. 서지 못하는데 걸을 수 없다. 걷지 못하면 뛸 수도 없다. 정치도 마찬가지다. 성인이 되었을 때 하늘에서 뚝 떨어지듯 어느 순간 권리를 부여받는 방식에서 벗어나야 한다. 어렸을 때부터 그리고 성인이 되어 삶을 이어나가는 모든 순간에 정치가 함께해야 한다. 정치가 일상 속에 녹아들어야 하고, 일상의 모든 것이 정치와 관련되어 있다는 것을 잊지 말아야 한다. 그래야만 정치와 권력이 시민을 외면하지 않고 지금까지 해온 과오를 다시는 반복하지 않을 것이다. 새로운 정치, 새로운 대한민국에 대한 기대가 그 어느 때보다 높은 시기다. 이때야말로 정치의 일상화, 일상의 정치화를 시작하기 위한 적기가 아닐까.

2부

생애
Lifetime

明見萬里

3장

120세 쇼크,
새로운 생애지도가 필요하다

—

서드에이지, 제3섹터에서 발견하는 새로운 생애기

明
見
萬
里

한 조사에 따르면,

100명 중 40명이 100세 이상 사는 삶을 축복이 아니라고 생각했다.

100명 중 60명이 80대까지만 살고 싶다고 답했다.

그러나 이미 일본의 경우

가장 많은 사람들이 사망하는 연령대가 92세를 돌파했다.

내 눈앞의 현실로 다가온 120세 시대,

새로운 생애지도가 필요하다.

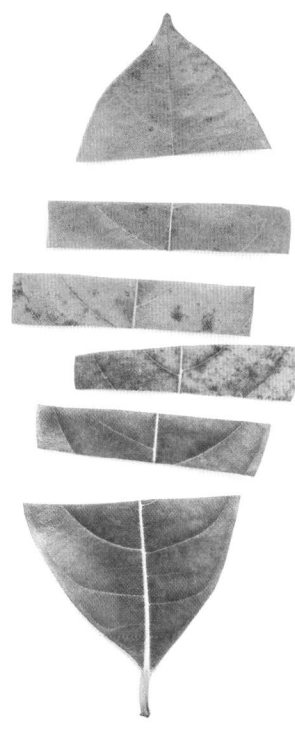

120세 쇼크,
새로운 생애지도가 필요하다

기대수명 플러스알파, 120세 시대가 온다

—

2009년 유엔이 '호모 헌드레드(Homo Hundred) 시대'를 선포한 지 10년도 채 안 된 지금, 인간의 평균수명은 100세를 넘어 120세 시대를 내다볼 정도로 빠르게 늘어나고 있다. 이미 일본에서는 지난 2000년대 초반 최빈(最頻)사망연령이 92세를 돌파했다. 한 사회에서 가장 많은 사람들이 사망하는 연령대인 최빈사망연령은 수명 증가 속도를 논할 때 반드시 등장하는 개념이다. 그리고 많은 생명과학자들은 가까운 미래에 이 최빈사망연령이 120세를 넘을 것이라고 말한다.

여전히 많은 사람이 120세 시대는 자신과 상관없는 먼 미래의 이야기라고 생각하지만, 그 시대가 생각보다 빨리 다가올 수 있다. 토마스 하팅 존스홉킨스 의대 교수는 지난 150년 동안 인간 수명이 매년 한 달씩 늘어왔으며, 아직까지 그 추세가 끝나지 않았다고 말한다. "10년 에 5세씩 늘어난다고 볼 수 있어요. 오늘 태어난다면 100세까지 살 수 있고, 120세까지 수명이 늘어나려면 40년은 기다려야 하겠네요."

미래학자 안네 리세 키예르는 좀 더 빠른 2030년, DNA 생체 시계 를 발견한 스티브 호바스 교수는 2050년, 장수유전자를 발견한 레너 드 과렌테 교수는 2070년, 미국의 노화전문 연구기관 벅 연구소의 고 든 리스고우 박사는 2100년이면 120세 시대가 올 것이라고 내다봤다. 이들의 예측대로라면 짧게는 15년, 길게는 80년 사이에 120세 시대 가 열릴 것이다. 알파에이지 시대가 먼 미래가 아닌, 우리의 이야기가 될 수도 있다는 뜻이다.

심지어 120세 이상 살 것이라고 예측한 학자들도 있다. 스튜어트 김 스탠퍼드 의대 교수는 200세까지 살 수 있다고 확신한다.

"20년 전에는 게놈지도를 몰랐고, 10년 전에는 게놈을 수정할 수 없 었지만 이제는 할 수 있게 된 것처럼, 10년 후에는 상상하지 못했던 놀 라운 일을 할 수 있겠죠. 그리고 그런 게 가능하다면, 200세 시대는 왜 안 되겠어요?" 나아가 그는 가까운 미래에 신체 나이를 되돌려 죽음을 정복하는 시대가 올 것이라는 주장까지 하고 있다.

최첨단 과학과 의학 기술이 비약적으로 발전하면서, 그동안 자연의 순리로만 여겼던 노화와 한계수명에 대한 상식이 빠르게 깨져나가고 있다. 지금 세계 곳곳에서는 노화를 막고 한계수명을 극복하기 위한 다양한 연구들이 진행되고 있다. 세계적인 장수국가 일본에서는 최근 105세를 넘은 초장수 노인들의 혈액 속에서 세포 방어에 핵심적 역할을 하는 물질을 찾아냈다.

도쿄도 장수연구소의 엔도 타다오 박사 연구팀은 초장수 노인에게서 공통적으로 발견되는 당사슬(sugar chain) 구조에 주목했다. 당사슬은 면역 기능이 적정 수준을 유지하도록 우리 몸속 세포의 안테나 역할을 한다. 일반적으로 나이가 늘면 염증이 증가하는데, 초장수 노인들의 경우 약 105세를 지나면 당사슬 구조에 급격한 변화가 일어나며 염증이 완화되었다. 초장수 노인들의 뛰어난 면역 조절 능력, 즉 특정 당사슬이 질병을 예방하고 장수를 가능케 한다고 보고 있다.

세계 첨단산업의 중심지 미국 실리콘밸리에서도 21세기판 불로초를 찾기 위한 경쟁이 치열하다. 구글의 창업자 세르게이 브린은 죽음을 정복하겠다며 노화 지연 연구에 막대한 돈을 쏟아붓고 있고, 2조 원이 넘는 자산을 가진 페이팔의 피터 틸은 스스로 120세까지 살겠다는 계획을 밝히기도 했다. 그는 현재 자기 몸을 대상으로 수명을 늘리기 위한 특별한 테스트를 진행 중이다.

우리나라에서도 유전자 분석 기술과 빅데이터 기술을 융합해, 암 치료의 패러다임을 획기적으로 바꾸려는 시도가 있다. 암은 유전자 돌연변이에 의해 발생하는 질병이다. 폐암 한 가지만 하더라도 지금까지 밝혀진 유전자 돌연변이 수가 2만 3000가지가 넘는다고 한다. 그러다 보니 병의 양상이 환자마다 천차만별이어서 암을 다스리기가 매우 어려웠다. 그런데 최근 방대한 데이터를 처리하는 빅데이터와 인공지능 기술이 수많은 돌연변이와 수많은 표적치료제를 매칭해, 각각의 연관관계를 빠르고 정확하게 밝혀내고 있다. 이로 인해 개인 맞춤형 암 치료가 가능해졌다. 암 환자의 완치율 또한 증가하여 현재 열 명 중 일곱 명의 환자가 5년 넘게 생존하는 것으로 조사됐다. 한국인의 사망 원인 1위인 암을 정복한다면, 120세 시대 또한 남의 나라 이야기만은 아닐 것이다.

장수시대의 최대 위험요소인 치매를 정복할 날도 머지않았다. 존스홉킨스 대학에서는 대표적인 노인성 질환인 치매를 극복하기 위한 프로젝트가 진행 중이다. 알츠하이머, 파킨슨병과 같은 뇌질환 치료제를 만들기 위해서 미니 뇌를 대량으로 배양하는 기술을 개발했다. 낙관적으로 전망하는 사람들은 앞으로 10년 후 치매 예방주사가 나올 것이라고 예상한다.

그야말로 건강하게 오래 살고 싶은 인류의 오랜 꿈이 눈앞에 다가왔다. 문제는 의학과 과학의 비약적인 발전 속도에 비해 개인의 의식이나 제도, 사회 시스템의 변화는 너무도 느리다는 점이다. 이런 상황에서 과연 장수시대가 축복이기만 할까? 당장 은퇴 후 60년이나 남는 긴 시간을 대체 뭘 하며 살아야 하나, 의식주를 유지할 재산은 있나, 혹시라도 몸이 아프면 누가 나를 부양해줄까 등 걱정부터 앞서는 것이 사실이다.

이것은 비단 한 개인만의 문제가 아니다. 수명 연장은 일자리, 의료 시스템, 복지, 교육 등 사회 전 분야에 영향을 미치는 중요한 어젠다이기 때문이다. 즉 알파에이지 시대에 맞게 사회적 개혁과 합의가 이루어지지 않는다면, 우리 사회는 세대 갈등, 연금 고갈, 재정 파탄 등 수많은 문제들을 겪을 수밖에 없다. 축복이어야 할 120세 시대가 재앙이 될 수도 있다. 120세 시대라는 새로운 세상 앞에서 우리는 그리고 사회는 어떤 준비를 해야 할까? 인류 역사상 한 번도 경험해본 적 없는 장수혁명 시대를 어떻게 살아갈지 함께 살펴보자.

'늙음'에 대한 새 프레임 짜기

일본 도쿄도 장수연구소의 조사에 따르면, 1977년도 70세 노인과 2007년도 87세 노인의 체력이 같았다고 한다. 평균수명이 늘어나는 동시에 건강수명, 즉 질병이나 부상 없이 건강하게 사는 기간도 점점 늘어나고 있는 것이다. 그런데도 여전히 많은 나라에서 통용되는 노인의 기준은 65세다. 65세 이전을 생산가능인구, 65세 이상을 고령인구로 분류하는 까닭이다.

65세가 노인이라는 근거는 어디에서 나왔을까? 이 기준은 1889년 독일의 비스마르크 수상이 노령연금 지급 기준 나이를 65세로 정한 데서 비롯됐다. 그런데 그때 당시의 평균수명은 49세에 불과했다. 100년

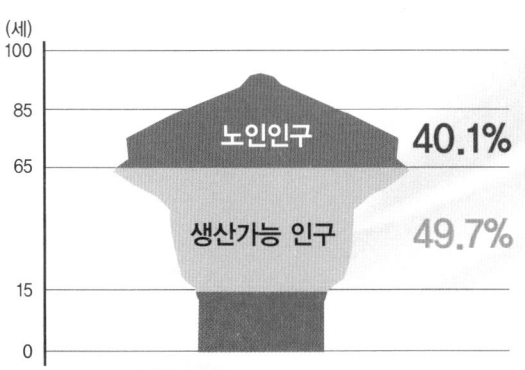

노인 기준 연령이 65세일 때, 2060년 우리나라는 부양해야 할 노인인구가 40퍼센트를 차지하게 된다. 청년 한 명이 노인 한 명을 부양해야 하는 상황에 맞닥뜨리는 것이다.

도 훨씬 지난 시절의 낡은 기준을 지금에도 적용할 수 있을까?

지금까지 우리는 80세 생애주기에 맞춰 인생을 설계해왔다. 즉 20대 중후반에 취업해서 30년 정도 열심히 일하다가 60세 전후로 은퇴한 뒤, 남은 20년은 편안하게 노후를 즐기겠다고 말이다. 그런데 미처 생각하지 못한 플러스알파 40년이 우리에게 주어지고 있다. 과거 한 사람의 인생 전체와 맞먹는 시간이 생기는 것이다.

만약 이 긴 시간을 기존의 프레임대로 '노인'의 틀에 가둬 버린다면, 우리는 고령화라는 덫에 걸리고 만다. 주지하다시피 한국은 심각하게 낮은 출산율과 베이비붐 세대의 본격적인 은퇴로, 세계에서 가장 빠른 속도로 고령화가 진행되고 있는 나라다. 지금처럼 노인 기준 연령을 65세로 고수한다면, 15년 뒤에는 인구 다섯 명 중 한 명이 고령자가 될 것이라는 충격적인 전망까지 등장하고 있다. 이 상태로라면 2050년에는 우리나라의 잠재성장률이 0.14퍼센트로 뚝 떨어지고 국민연금 적립금은 바닥을 드러내기 시작하는 등, 생각만 해도 암담하고 두려운 미래가 펼쳐지게 된다.

영국의 사회철학자 피터 래슬릿은 현대 사회에 새로운 인생 단계가 출현한다고 예측했다. 바로 '서드에이지(the third age, 제3연령기)'다. 이 새로운 시기는 유년기(제1연령기)와, 성인기 및 중간경력직 일자리로 구성된 '제2연령기'를 지나, 의존적인 노년기(제4연령기)로 진입하기 전 단계다. 대략 중간경력직 및 자녀 양육의 의무가 끝나는 시기인 중년기 이후부터 80세까지다.

래슬릿의 예측대로, 중년과 노년 사이에 아직 이름조차 정해지지 않은 생애 단계가 출현하고 있다. 학자들은 이 시기를 '서드에이지', '서드스테이지(the third stage)', '서드챕터(the third chapter)' 등 다양하게 부르고 있다. 그 이름이 무엇이든, 수명 연장과 건강수명 증가는 그 어느 때보다 활력 넘치는 새로운 60대, 새로운 70대들을 만들고 있다. 이들은 이미 중년은 지났지만 아직 노년에 이르지 않은, 새로운 시기의 첫 주민이다.

이처럼 새로운 인생 단계가 출현하는 것이 그리 낯선 일은 아니다. '청소년기'도 20세기 초반에서야 만들어진 개념이다. 산업혁명 이후 사회·문화가 변화하고 노동시장 진입과 결혼 연령이 전반적으로 늦

취지면서, 아이도 성인도 아닌 새로운 인구가 등장했다. 이 새로운 인생 단계는 유년기와 성인기 사이에 존재하는 일종의 대기실이자 의무 유예기간이었다. 청소년기 개념이 등장함으로써 많은 젊은이들이 노동으로부터 놓여나 조금 더 오래 교육받고 보호받을 수 있게 되었다.

그렇다면 새로운 서드에이지 시기를 가장 먼저 맞이할 세대는 누구일까. 우리나라에서는 베이비붐 세대인 지금의 5060 세대다. 곧 은퇴를 앞둔 이 세대들 대부분은 과거와 달리 자신에게 새롭게 주어질 긴 시간을 '휴식'이 아닌 '인생 2막'으로 설계해야 한다는 생각을 보편적으로 갖고 있다. 정년퇴임을 해도 일은 계속하겠다는 의지도 강하다. '일로부터의 자유'라는 낡은 꿈이 아니라, '일할 수 있는 자유'라는 새로운 꿈을 꾸고 있는 것이다. 이렇듯 '일'은 새로운 시기의 핵심이자 명백한 특징이 되고 있다.

이것이야말로 장수시대의 '덫'이라고만 생각했던 고령화를 '문제'가 아닌 '기회'로 바꿀 수 있는 핵심 열쇠다. 은퇴한 고령자에게 일할 기회가 주어지면, 이들은 부양받던 존재에서 부양하는 존재로 변할 수 있다.

지금까지 우리는 저출산과 고령화를 하나로 묶어 대응하려는 경향이 짙었다. 고령인구가 늘어나는 만큼 아이가 많이 태어나 젊은 층이 늘어나면 상대적으로 고령자의 비율은 줄어들기 때문이다. 문제는 평균수명이 늘어나는 속도가 엄청나게 빨라진다는 데 있다. 1990년대에 우리나라의 평균수명은 70세 정도였다. 즉 60세부터 70세까지 10년 동안만 부양받으면 됐다. 하지만 2010년 이후에 평균수명이 80세가 되었고, 부양기간 또한 10년에서 20년으로 늘어났다. 저출산 문제를 전혀 고려하지 않고도 경제활동인구의 부양 부담이 이미 두 배로 늘어난 것이다.

평균수명이 늘어나는 문제를 출산정책으로 풀고자 한다면 우리나라 인구를 두 배, 세 배, 네 배로 늘려야 한다. 더욱이 출산율은 늘어나기까지 상당히 오랜 시간이 필요하다. 결국 출산율을 높이는 것만으로는 고령화 문제를 해결할 수 없다. 저출산 문제는 그것대로, 고령화는 고령화대로 분리해서 대응해야 한다.

그렇다면 고령화를 '기회'로 만들기 위해 무엇을 해야 할까? 새로운 인생단계인 서드에이지를 위한 사회 시스템을 바꾸는 것부터 시작할 수 있다. 어떻게 할 것인가.

서드에이지를 경제활동인구로 적극 활용하라

—

지금까지 우리는 대략 25세에 취업해서 40대에 최고의 성취를 이루고 55세쯤 은퇴하는 패턴으로 살아왔다. 그런데 120세까지 늘어난 시간과 소요비용을 모두 감당하려면, 이러한 패턴의 경제활동이 한 번 더 필요하다. 즉 40대 후반부터 준비를 시작해 55세에 은퇴하기 전에 새로운 경제활동에 들어가서, 50대 중반에 경제활동의 정점을 찍고

75세에 은퇴를 하는 이모작 인생 설계가 필요하다.

베이비붐 세대의 은퇴 러시가 시작된 지금이야말로 새로운 전환점이 될 수 있다. 베이비붐 세대들이 어떤 역할을 하느냐에 따라 우리의 미래는 완전히 달라진다. 이들을 부양세대로만 남겨둔다면 우리 경제는 지탱하기 힘들 것이다. 하지만 1000만 명에 이르는 베이비붐 세대가 새로운 성장동력이 될 때, 고령화는 재앙이 아닌 성장의 기회가 될 수 있다.

문제는 우리 사회가 아직 이 인적 자원들을 적극적으로 활용하지 못한다는 것이다. 한 설문조사에 따르면, 베이비붐 세대 가운데 은퇴 후 10개월 내 재취업에 성공한 비율은 약 50퍼센트에 불과했고, 그마저도 일용직과 임시직이 절반이었으며, 안정적인 상용직은 27퍼센트밖에 되지 않았다. 은퇴한 베이비붐 세대의 90퍼센트 이상이 일하고 싶다는 의견을 밝혔음에도 말이다. 일할 의욕, 일할 능력, 일할 필요의 조건을 모두 갖춘 이 베이비붐 세대를 방치하는 것은 개인적으로도 안타까운 일일뿐더러 사회 전체적으로도 엄청난 낭비다.

이모작 인생 설계는 개인의 고군분투만으로는 한계가 있다. 젊은 시절 아무리 뛰어난 능력을 쌓았더라도 막상 은퇴하고 나면 나만의 실력을 발휘해서 할 수 있는 일이 별로 없는 것이 현실이다. 이제 전 국민이 이모작 경제를 실현하기 위한 사회 시스템의 변화가 필요하다. 김태유 서울대 산업공학과 교수는 "국가경제를 연령별 능력에 따른 세대 간 분업 시스템으로 바꾸자"고 제안한다.

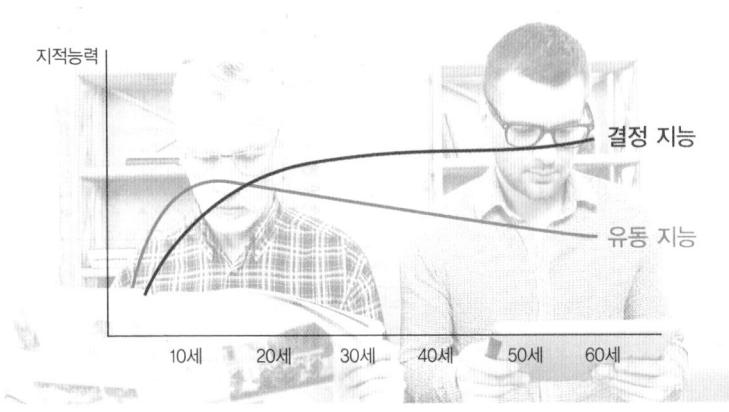

심리학자 혼과 카텔의 이론에 따르면 새롭고 추상적인 문제를 해결하는 유동지능은 20대까지 계속 발달하다가 서서히 떨어지는 반면, 획득한 기술, 지식, 경험을 사용하는 결정지능은 20대 이후에 점점 더 높아진다.

"이모작 그래프가 가능하려면 먼저 연령에 따른 직업의 재배치가 필요합니다. 사람의 능력이 연령에 따라 달라진다는 것은 이미 수많은 논문을 통해 학계에서 증명된 정설입니다. 즉 새롭고 추상적인 문제를 해결하는 능력인 유동지능은 20대까지 계속 발달하다가 그 이후 서서히 떨어지는 반면에, 획득한 기술, 지식, 경험을 사용하는 능력인 결정지능은 20대 이후에 점점 더 높아지죠. 다시 말해서 젊은 시절에는 유동지능이 뛰어나고, 나이가 들면 결정지능이 발달한다는 뜻입니다. 이것을 이모작 경제와 연결해 생각해보면, 청년기에는 활동적이고 창의성을 발휘할 수 있는 직업, 고령기에는 연륜과 판단력을 발휘할 수 있는 직업을 선택한다면, 성공적인 이모작 경제를 실현할 수 있을 겁니다. 조금 더 구체적으로 말하자면, 젊어서는 유동지능과 신체 능력을 발휘할 수 있는 인공지능·게임·컴퓨터·회계·산업디자인·과학자·제조업 등 생산 분야에서 일하고, 나이 들어서는 결정지능과 경험, 연륜을 활용할 수 있는 관리자·사무원·서비스직·교육 등 지원 분야에서 일하면 그 연령대의 능력을 최대한 살리고 좋은 성과를 낼 수 있습니다."

만약 우리나라 국민 전체가 이모작 인생을 살아간다면, 국가경제적으로는 어떤 효과가 있을까? 50세 이전의 청장년층은 일모작 직업에, 50세 이후 고령층은 이모작 직업에 종사한다고 가정했을 때, 우리나라의 총 잠재생산성은 20.6퍼센트 증가할 것으로 예측됐다. 그리고 이후 계속 증가 추세를 이어가 2050년의 잠재생산성이 35퍼센트에 달하는 것으로 나타난다. 이러한 이모작 그래프는 세대 간 화합에도 긍정적인 역할을 할 수 있다. 그동안 수명연장은 일자리 경쟁을 초래해 세대갈등을 더욱 부추길 것이라는 우려가 있었다. 하지만 젊은 층은 일모작 직업으로, 중년층은 이모작 직업으로 분업을 이룬다면 세대 간 갈등이나 충돌을 해소할 수 있을 것이다.

실제로 OECD가 25개 회원국을 분석한 결과, 55세에서 65세의 고용률이 1퍼센트포인트 증가할 경우 청년층의 고용률도 0.3퍼센트포인트 증가했다. 즉 청년층과 중장년층 간에 일자리로 인한 제로섬 게임은 벌어지지 않을 것이라는 말이다.

OECD에서 오랫동안 고령화 문제를 연구해온 수석 이코노미스트

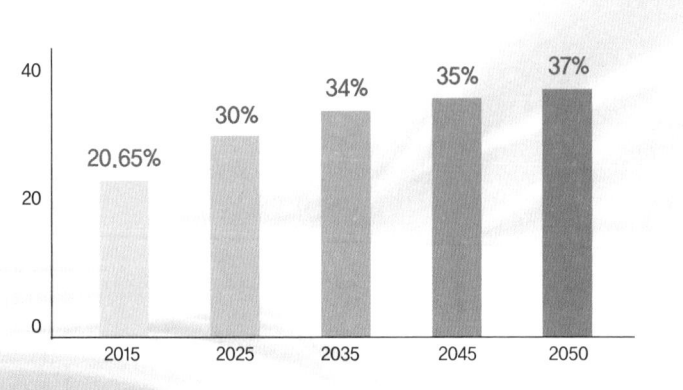

이모작 그래프는 고령화를 동력으로 경제성장이 가능하다는 것을 보여준다. 고령자의 생산적 경제활동이 국가 발전에 기여하는 새로운 경제 패러다임을 만들어낼 수 있는 것이다.

안느 생 마땅도 젊은이들과 노인들은 서로를 대체하는 것이 아니고 상호 보완적인 노동인구라고 말한다.

"OECD 국가들, 특히 유럽 국가들에서 지난 10년간 노인의 고용률이 의미 있게 증가했습니다. 그 결과로 젊은이들의 고용이 어떻게 되었는지 살펴보면, 노인의 고용률이 증가한 나라들에서 젊은이들의 고용률 역시 증가했다는 것을 알 수 있어요. 그들은 같은 자질과 능력을 가지고 있는 것이 아니기 때문에 같은 일을 하지 않습니다. 같은 산업에 종사한다고 해도 말이죠. 결국 성장이 있고 고용이 증가하면 젊은층과 노인층 모두에서 고용이 늘어난다고 할 수 있습니다. 그 둘이 서로를 대체하는 것이 아닙니다."

이러한 세대 간 협업 시스템으로 특별한 성과를 올린 나라가 있다. 바로 세계 최고의 고령국가인 일본이다. 일본은 지금 고령자(서드에이지)를 경제의 새로운 동력으로 활용하기 위해 많은 노력을 기울이고 있다. 특히 몇몇 기업들이 은퇴한 고령자를 신입사원으로 고용하면서 화제가 되었다. 그들의 특별한 노력을 알아보자.

일본의 '40세 정년론', 평생학습으로 평생 현역의 삶을 살다

도쿄에서 한 시간 거리에 있는 지바 현의 도토금속인쇄소. 금속인쇄를 전문으로 하는 이 공장에서 60세 이상 직원은 전체의 약 4분의 1을 차지한다. 공장 내 최고령 직원인 다카조노 야스히로 씨는 70대 후반이다. 50년간 주류 판매점을 경영하던 그는 은퇴 후 이곳에 취업했다. 건강만 허락한다면 80세까지 일할 생각이다.

"아침에 일어나 이곳으로 오는 게 삶의 낙이에요. 젊은 사람들과 대화도 잘 통하고 힘든 점이 조금도 없어요."

이곳에서 나이 든 직원은 관리 역할을 맡고, 체력을 요하는 작업은 젊은 직원이 맡으며 역할을 분담한다. 이 회사의 대표 세이치 스가야 씨는 세대 간 협업으로 생산성이 크게 향상되었다고 말한다. "고령사 선배들은 다양한 지식을 가지고 있고, 마음도 온화합니다. 젊은 사원들을 현장에서 다양한 형태로 지도하고 있어요. 선배들은 뛰어난 기술로 도와주고, 젊은 사원들은 반대로 선배들에게 부족한 시력, 체력 등을 보완하는 거죠."

지금 일본은 침체된 경제를 회복시키기 위해 기존 패러다임의 변화를 모색하고 있다. 그 주인공 중 한 명이 야나가와 노리유키 도쿄대 경제학부 교수다. 그는 2012년에 이모작 경제보다 한층 더 나아간 주장을 펼쳤다. 바로 '40세 정년론'이다. 일모작, 이모작도 아닌 삼모작 경제를 이루어야 한다는 것이다. 이를 두고 일본 내에서 찬반 논란이 뜨거웠다. 기업들이 직원을 쉽게 해고하려는 게 아니냐는 오해 때문이었다. 하지만 야나가와 교수의 본래 주장은 수명 연장에 따라 40세에 첫 정년을 한 뒤, 이어 두 번의 직업을 더 갖자는 것이었다.

"40세 정년제의 핵심은 기술혁신 속도가 빨라서 사회에 필요한 능력도 그에 맞춰 변화한다는 겁니다. 40세 정도에 새로운 기술을 익혀 능력을 향상시키지 않는다면, 남은 40세부터 65세까지 일하기가 어렵다는 것이 제가 처음 생각한 문제의식이었습니다. 그런데 40세 정년제라는 이름 때문에 많은 오해와 파문이 있었죠. 40세에 모두 회사를 그만두게 하는 것이 아니라, 40세든 50세든 여러 기술을 익혀가지 않으면 기술혁신이 빠른 오늘날에 장기적으로 일하기가 어렵다고 생각합니다."

이것은 비단 일본만의 상황이 아니다. 현대 경영학의 아버지라 불리는 피터 드러커는 "현대사회는 지식의 세기가 될 것이며, 사람들은 끊임없이 배워야 하는 시대가 될 것"이라고 말했다. 그의 주장처럼, 지금 시대에는 한 번 교육받고 취직하여 40~50년을 계속 일할 수가 없다. 세상의 흐름은 더욱 급격해졌고, 기술 발전의 속도는 상상을 초월할 정도로 빠르기 때문이다.

이제 우리는 평생학습을 통한 평생 현역의 삶을 준비해야 한다. 물론 언젠가는 은퇴를 하고 누군가에게 의존하는 노년기를 맞을 수밖에 없다. 하지만 그 시기는 서드에이지에 비해 상당히 짧을 것이고, 또 그래야 이상적이다. 이를 위해서 우리가 준비해야 할 것은 무엇인지 좀 더 살펴보자.

앙코르 커리어로의 이동
돈도 벌고, 가치 있는 일도 하고

평생학습 시스템을 갖추기 위해서는 우선 사회 재교육 체계를 정비해야 한다. 김태유 교수는 무엇보다 청년 교육에만 주력하는 대학을 성인 재교육 기관으로 확대 개편하자고 말한다. 구체적으로 주말 경영대학원이나 실용 외국어대학원, 대학 내의 이모작 전직·창업교육 활동 등 다양한 미래형 교육코스를 개발할 것을 제안한다.

노한 평균 퇴직 연령이 OECD 국가 가운데 가장 낮은 우리 사회의 경우, 기업의 사회적 책임이 좀 더 강조되어야 한다. 기업은 퇴직을 앞둔 직원들이 안정적으로 제2의 인생을 살 수 있게끔, 일정 기간 재교육에 투자할 필요가 있다. 기업 입장에서도 이것이 노사 갈등 비용보다는 훨씬 저렴할 것이며, 정년 연장에 대한 압박도 줄어들 것이다.

실제로 글로벌 다국적 기업인 IBM이나 인텔, 휴렛팩커드 같은 경우 직원들이 앙코르 커리어로 이동할 수 있도록 프로그램을 운영하고 있다. 그 대표적인 것이 '앙코르 펠로십(Encore Fellowship)'이다. NPO(비영리단체)와 기업이 함께 진행하는 이 프로그램은 성인을 위한 '인턴십'이라고 할 수 있다. 기업은 퇴직을 앞둔 직원들이 NPO 단체에서 인턴사원으로 근무하는 동안 임금과 건강보험료를 보전해 주면서, 그들이 새로운 조직에 잘 적응할 수 있도록 도와준다. 미국 정부도 앙코르 펠로십과 같은 프로그램을 운영할 수 있는 법을 제정하여, 제2의 인생을 지원하고 나섰다.

앙코르 펠로십은 은퇴 후 사회공헌 활동을 원하는 시니어(서드에이지)들에게 큰 지지를 받고 있다. 그동안 수많은 은퇴자들이 시니어 인턴제를 통해 다양한 비영리단체에 취업했다. 미국 캘리포니아 주 산호세에 위치한 노숙자 보호소에서 일하는 도나 호프 또한 6개월간의 인턴과정을 거쳐 정식 직원으로 채용되었다.

그녀가 일하는 '라이프 무브스'는 하루에만 1000명이 넘는 노숙자를 보호하는 비영리단체다. 매년 3만 7000명의 자원봉사자가 찾아와 노숙자들을 보살핀다. 도나 호프는 봉사자들을 인솔해 관리·교육하는 일을 한다. 그녀는 35년 동안 학교에서 아이들을 가르치다 교장으로

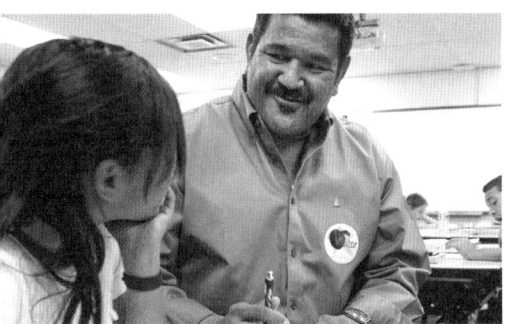

앙코르 펠로십은 은퇴 후 사회공헌 활동을 원하는 시니어들에게 큰 지지를 받고 있다. 왼쪽은 미국의 대표적인 앙코르 펠로십 단체인 앙코르닷오르그의 활동. 오른쪽은 노숙자 지원 단체인 라이프 무브스.

퇴직했다. 그리고 앙코르 펠로십을 통해 이곳에 취업했다.

"우리 세대의 많은 사람들은 60대가 40대나 다름없다고 느껴요. 저는 예순 살이지만 그 나이로 느껴지지 않아요. 제게 이런 기회가 없었다면 어떤 일을 했을지 모르겠어요. 앙코르 펠로십이 제 은퇴 이후의 삶을 완전히 바꿔주었어요."

앙코르 펠로십을 기획한 민간단체 앙코르닷오르그의 설립자 겸 CEO인 마크 프리드먼은 은퇴한 시니어들의 장점을 어떻게 활용할지 고민해오다 인턴십 제도를 시작했다고 말한다.

"인턴십은 청소년에서 성인으로 넘어가는 시기의 사람들에게 아주 중요한 계기죠. 이제 중년과 노년 사이에도 새로운 시기가 등장하면서, 그 시기에 돈을 덜 받고 일하는 대신 목적의식을 갖고 싶어 하는 사람들을 지도할 방법이 필요해졌죠. 어떤 나이든 커리어 전환을 가장 성공적으로 하는 방법은 '실험'하는 것입니다. 앙코르 펠로십은 사람들이 실험해본 뒤 새로운 분야에서 일할 수 있게 기회를 제공합니다. '사기 전에 입어볼' 수 있게 말입니다."

그는 지역사회에서 젊은이들을 도울 방법을 찾다 보니, 사회의 고령화가 문제로 위장한 기회로 보였다고 말한다. "미국 내의 사회문제를 해결하고 사회적 환경을 개선하는 일은 인적 자원, 사회적 자본, 개인들의 재능에 달려 있다고 생각합니다. 그리고 고령의 시민들에게는 아직 사용되지 않은 재능이 많이 내재해 있고요."

프리드먼이 만든 또 다른 사회적 기업인 시빅벤처스에 의해 정리된 용어인 '앙코르 커리어'는, 인생 1막의 경험과 지혜를 살려 인생 2막을 제3섹터에서 펼치는 것을 뜻한다. 제3섹터란 공익활동을 하는 자발적 시민단체를 말한다. 정부기구로 대표되는 국가의 영역(제1섹터)과 영리 기업들이 주도하는 시장의 영역(제2섹터) 바깥의 시민사회 영역이 제3섹터다. 제3섹터에서 시민들은 국가나 기업이 다하지 못하는 공익적 역할을 스스로 해내고 있다. 제2의 인생을 좀 더 의미 있는 곳에서 가치 있게 살고 싶은 사람들에게 이는 매우 매력적이다. 일정 금액의 소득을 유지하면서도 더 깊은 삶의 의미를 추구하며 사회적으로 기여할 수 있기 때문이다.

최근 수명 연장으로 넉넉해진 시간과 나이가 들면서 생겨난 직관력을 활용하고자 제3섹터에 주목하는 시니어들이 증가하고 있다. 시니어들이 제3섹터에서 펼치는 활약은 사회 공헌의 의미와 함께 고용 창

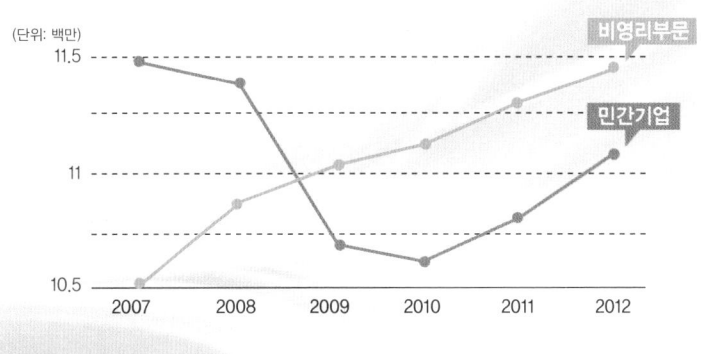

2008년 세계 금융위기를 겪을 때도 비영리 부문은 고용이 증가했다. 국가나 기업이 다하지 못하는 공익적 역할을 제3섹터에서 해내고 있다. (출처: U.S. Bureau of Labor Statistics)

출 효과까지 있어 주목할 만하다. 제3섹터의 활동이 활발한 미국의 고용 추이를 살펴보면, 민간기업의 고용은 지난 2008년 세계 금융위기 여파로 크게 떨어진 후 최근 회복되는 추세다. 반면 비영리 부문은 2007년부터 꾸준한 증가세를 보이고 있다. 놀라운 점은 세계적인 경제위기를 겪고도 비영리 부문의 고용은 오히려 증가했다는 사실이다.

이것은 비단 미국만의 상황이 아니다. 복지 선진국이라 불리는 네덜란드, 덴마크 등에서도 정부가 다 운영할 수 없는 복지 서비스를 제3섹터와 함께하고 있다. 특히 일본의 경우, 제3섹터에서 인생 2막을 펼치는 단카이 세대의 활약이 돋보인다. 일본 사회는 단카이 세대의 은퇴가 시작되면서 혼란에 빠지지 않을까 우려했다. 하지만 이들은 국가가 온전히 책임져줄 수 없는 노후 문제를 스스로 풀어나가기 시작했다. 제3섹터에서 인생 2막의 길을 찾은 단카이 세대들을 만나보자.

일본 단카이 세대,
제3섹터에서 길을 찾다

—

일본 지바 현의 나가레야마 시, 주민 네 명 중 한 명이 65세 이상인 초고령 마을이다. 자녀들을 모두 독립시키고 혼자 사는 다카하시 씨는 아흔이 훌쩍 넘었다. 다카하시 씨 집에 시니어 NPO 활동가가 찾아왔다. 은퇴 후 마을의 더 나이 많은 어르신들을 돕고 있는 타카다 씨다. 그도 일흔이 넘었다. 은퇴 전 사진사로 일했던 그는 고향으로 돌아와 인생 2막을 살고 있다. 비가 오는데도 아랑곳 않고 정원의 풀을 뽑고 가지치기를 하는 데 열심이다. "매일 할 일이 있다는 것이 좋습니다. 어르신 댁을 방문해서 일을 도와드리면 감사 인사도 받고요. 보람을 많이 느낍니다."

타카다 씨가 활동하고 있는 비영리단체 '시민서로돕기넷'. 도움이 필요한 어르신과 봉사하고 싶어 하는 시니어를 연결해 마을의 노인 복지를 향상시키고 있다. 카마쿠라 츠네오 시민서로돕기넷 부대표는 NPO 활동을 통해 개호보험(일본의 간병보험) 바깥에 존재하는 노인들을 돕고 있다고 말한다. "개호보험은 지원이 필요하고 개호가 필요하다고 국가가 인정한 사람만이 그 대상이 되거든요. 하지만 일상생활에서 곤란을 겪는 어르신이 많습니다. 이분들을 돕고 싶은 마음이 동기가 되어 단체를 설립했죠."

시민서로돕기넷은 쿠폰제 시스템으로 운영되고 있었다. 활동가들이 봉사활동을 한 시간이 점수로 매겨지고, 쌓인 점수만큼 봉사료를 받는다. 많은 돈은 아니지만 어느 정도 수입은 되기 때문에 봉사자는 더욱 책임감을 갖고 오래 활동할 수 있다.

일본 대부분의 NPO에서는 무상 활동을 하지 않는 것이 원칙이다. 일본의 한 NPO 설립자는 인생 2막에는 당연히 무상으로 봉사해야 한다는 세상의 편견이 견디기 힘들었다고 말한다. 하지만 최저 경비를 보상받으면 책임감이 늘고 더 오래 활동할 수 있다고 강조한다. 말하자면, 활동가들에게 더 큰 동기를 부여하고, 단체의 자립성을 유지하기 위해 유상 활동이 필요하다는 것이다.

이번에는 도쿄의 한 NPO를 살펴보자. '시니어 소호 미타카'는 컴퓨터에 능숙한 대기업 출신 은퇴자들이 시니어에게 컴퓨터를 가르쳐주자는 아이디어에서 시작됐다. 이 단체 덕분에 지역의 어르신들은 저렴한 비용으로 쉽게 컴퓨터를 배울 수 있다. 은퇴자들을 인재로 활용하여 지역사회를 성장시켜온 시니어 소호 미타카는 시니어 NPO의 대표적인 성공사례로 주목받고 있다.

일본에서는 60대 이상 시니어들이 설립한 NPO만 무려 2만 개 가까이 된다. 그 활동범위도 상당히 다양하다. 연로한 노인들만 사는 집의 깨진 전구를 갈아주는 사소한 일부터, 치매 노인을 돌보거나 마을의 하천 청소를 하는 단체도 있다. 이렇게 시니어들이 NPO를 통해 지역사회의 구석구석을 변화시키는 중요한 역할을 하게 된 데에는 1998년 제정된 'NPO 특별법'이 계기가 되었다. 단카이 세대의 은퇴 러시가 시작될 무렵 제정된 이 법안은 활동가 열 명만 모으면 간단한 절차를 걸쳐 비영리단체를 설립할 수 있게 했다. 덕분에 수많은 단카이 세대가 제3섹터로 진입하게 되었다.

우리나라에도 베이비붐 세대의 은퇴 시점에 비슷한 법안이 만들어졌다. 2012년 제정된 '협동조합기본법'이 그것이다. 조합원 다섯 명만 모이면 협동조합을 설립할 수 있다는 것이 핵심 내용이다. 법이 통과되면서 협동조합이 폭발적으로 증가했고, 그 중심에 베이비붐 세대가 있다. 이들은 돌봄 서비스부터 교육, 문화, 예술 등 다양한 사업적 모델을 만들고, 지역을 기반으로 한 모델도 만들어 나가고 있다. 최근 은퇴한 베이비붐 세대들이 주목하는 한국의 제3섹터에서 협동조합을 설립해 인생 2막을 열정적으로 시작한 사람들이 있다.

유통회사에서 일했다는 50대 중반의 김재연 씨는 최근 서울 강동구의 한 사회적 기업에 인턴으로 취직했다. 그는 치열한 기존의 취업 시장에서 경쟁하기보다는 새로운 인생 2막을 열어야겠다는 생각이 들었다고 한다. 그의 선택은 제3섹터였다. "일반 기업을 그만두고 나니까 시니어가 재진입할 곳이 없더라고요. 주변만 봐도 상당히 재능 있고 커리어가 좋은 분들이 사회에 공헌하고 싶어 하는 경우가 많아요."

김재연 씨가 취업한 이 사회적 기업은 건강하고 바른 먹거리를 생산해 어려운 이웃에게 저렴하게 공급하고 있다. 이 기업은 설립된 지 얼마 되지 않아 인력 확보에 어려움을 겪었다. 김재연 씨의 취업을 도와준 단체도 제3섹터의 협동조합이다. '앙코르 브라보노'는 금융, IT, 무역 등 다방면에서 활약하던 은퇴자들이 모여 설립한 단체로, 은퇴자들이 사회에서 의미 있는 일을 하며 자립할 수 있도록 돕고 있다. 앙코르 브라보노 관계자는 "시니어들이 스스로 문제를 해결해 보자는 차원에서 첫 출발을 하게 됐다"라고 말한다.

이들은 베이비붐 세대가 새로운 직업을 찾는 데 제3섹터 만한 대안이 없다고 입을 모은다. "제 친구들이 저를 부러워합니다. 저희가 지금은 일천한 협동조합이죠. 세운 지 몇 년 안 됐어요. 그렇지만 장기적 비전이 있고, 봉사를 하면서 어느 정도의 작은 수익이라도 벌 수 있죠. 친구들은 '너 그거 오래 할 수 있겠다'며 부러워해요."

현재 시니어 세대에게 제3섹터는 인생 2막의 가장 좋은 무대가 될 수 있다. 인생 1막보다 돈은 적게 벌더라도 더 큰 만족감을 얻으며 오래 일할 수 있기 때문이다. 무엇보다 제3섹터의 단체들은 경력과 연륜을 갖춘 숙련가, 전문가가 절대적으로 필요한 상황이다. 즉 수요와 공급의 필요가 맞아떨어지는 것이다.

이미 곳곳에서 시니어들의 작은 움직임이 일어나고 있다. 앞으로 더 많은 시니어들이 제3섹터에서 활약한다면, 개인의 인생뿐 아니라 사회도 더 건강하고 풍요로워질 수 있을 것이다.

120세 시대, 재앙이 아닌 축복의 삶으로

—

인간은 자신의 수명을 극복하기 위해 끊임없이 도전해온 유일한 생명체다. 생명에 대한 강한 의지가 인류를 위협했던 수많은 질병의 공포로부터 해방될 수 있도록 만들었다. 이런 의지는 결국 과학의 진보로 이어졌다. 유전자 분석, 빅데이터, 나노기술 등 최첨단 과학과 의학기술의 만남은 꿈에 그리던 120세 시대를 가능케 하고 있다. 그리고 그것은 먼 미래가 아닌, 바로 우리들의 이야기가 될 것이다.

그러나 준비되지 않은 수명 연장은 장수에 대한 기쁨보다는 두려움을 불러일으키는 것이 사실이다. 한국보건사회연구원에서 2011년 조사한 '인생 100세 시대 대응 국민인식 조사'에 따르면, 40퍼센트가 넘는 응답자들이 100세 이상 사는 삶을 축복이 아니라고 답했고, 60퍼센트 가까운 사람들이 80~89세까지만 살고 싶다고 답했을 정도다.

이제 우리는 120세 시대에 맞는 새로운 인생지도를 찾아야 하는 중대한 기로에 서 있다. 그 해법은 역풍이라 여겼던 은퇴인구를 새로운 인적 자원으로 인식하고 그들을 적극적으로 활용하는 것에서부터 시작해야 한다. 국민 모두가 이모작 경제를 실현할 수 있게끔 사회 시스템의 재정비가 필요하다.

또한 개별적으로는 점점 성장하는 제3섹터에서 인생 2막을 펼치는 것도 좋은 대안일 수 있다. 일본의 한 전문가는 "은퇴한 단카이 세대의 단 1퍼센트만 제3섹터에서 활동해도 일본은 더 좋은 나라가 될 수 있다"고 말했다. 우리나라의 베이비붐 세대도 마찬가지다. 이들은 일할 능력, 의지, 필요를 모두 갖춘 인재들이다. 이들이 제3섹터에서 제2의 인생을 살아갈 때 우리 사회도 진일보를 꿈꿀 수 있다.

이제 중년도 아니면서 노년도 아닌, 서드에이지라는 새로운 시기의 첫 주민인 베이비붐 세대에게 어떤 미래가 주어지느냐에 따라 우리 사회 전체의 미래가 달라질 수 있다. 앞으로의 세대가 지금 그들이 처음 뚫는 길을 좇아 뒤따를 것이기 때문이다. 인류의 오랜 노력 끝에 이룩한 수명 연장이 우리를 위협하는 부메랑이 되지 않도록 지혜를 모아야 할 때다.

은퇴자들을 위한 블루오션, 제3섹터

양승동 PD

제3섹터는 미국에서 비영리(non-profit) 영역, 유럽에서는 사회적 경제(social-economy) 영역으로 불린다. 제1섹터인 정부와 제2섹터인 기업을 보완하는 역할을 넘어, 이제는 일자리 창출과 고용 확대 차원에서 주요한 기능을 하고 있다. 특히 평균수명이 늘어나면서 은퇴자들의 일자리 겸 사회적 의미를 찾는 영역으로 많은 기대를 받고 있다.

자료 조사를 하다가 흥미로운 데이터를 접했다. 2006년 희망제작소에서 베이비붐 세대의 욕구와 이들에 대한 지원방안을 연구한 〈100세 시대 새로운 생애주기 제안〉이라는 보고서다. 45~64세 은퇴(예정)자 중 고학력, 사무직 중년층 800여 명을 대상으로 설문한 결과, 응답자의 90퍼센트 이상이 '은퇴 후에도 일을 계속할 의향이 있다'고 답했다. 또 84퍼센트가 '사회공헌활동이 필요'하며, 77퍼센트는 '사회공헌활동에 참여할 의향이 있다'고 답했다. 이러한 결과는 고학력·사무직 중년층의 은퇴(예정)자들이 이 시기에 하는 일을 단순히 소득의 수단으로

만 생각하지 않는다는 것, 다시 말해 일의 의미가 단지 경제적 이유만
은 아니라는 사실을 보여준다.

조사를 수행한 희망제작소 배영순 선임연구원은 "한국 사회의 사회
적 자본이 경제적 수준에 비해 매우 낮은 현실을 감안할 때, 적절한 제
도가 뒷받침될 경우 이들이 한국 사회의 사회적 자본을 높이는 주요
한 역할을 할 수 있음을 시사한다"면서 '사회공헌형 일자리'에 대한 관
심을 촉구했다.

하지만 아직은 은퇴한 시니어들이 제3섹터에서 활동하는 사례가 많
지 않다. 사단법인 한국자원봉사문화에서 실무를 담당하는 최진영 부
장은, 베이비붐 세대나 은퇴자들의 사회참여 사례가 늘어나고는 있지
만 아직은 인식 격차가 있다고 말한다.

"사실 처음에 학교나 진로체험센터에 이런 시니어 자원봉사자들과
함께해 달라고 제안하는 것도 쉽지는 않았어요. 인식이 그렇게 좋지는
않았거든요. 혹시 어깨완장을 차고 와서 어른 노릇, 상사 노릇 하는 게
아닐까 하는 선입관을 많이 갖고 계셨어요."

그렇다면 고령화를 우리보다 10~15년 앞서 경험하고 있는 일본의
모습은 어떨까? 일본은 1995년 고베 대지진 이후 정부 차원에서 NPO
활성화를 위해 노력해왔으며, 1998년 특정비영리활동촉진법(NPO법)
제정 시행 후 NPO가 폭발적으로 늘어났다.

NPO '시민서로돕기넷'은 이름 그대로 시민들이 서로 도울 수 있는 네트워크를 마련해주는 단체다. 이들의 소개로 회원 활동 현장을 찾아가볼 수 있었다. 70세 전후의 은퇴자 두 사람이 90이 넘어 홀로 사는 노인의 집을 방문해 정원 손질을 해주고 있었다. 약한 비가 내리는 날이었지만 두 은퇴자의 쾌활한 표정과 진심으로 고마워하던 집주인 할머니의 모습이 인상 깊었다. 노인이 노인을 보살피는 '노노(老老) 부양'이 만족과 보람을 서로 주고받는 일이 될 수 있음을 느낄 수 있었던 사례였다.

시민서로돕기넷은 13년 전 일본의 개호보험이 가진 한계를 보완하기 위해 만들어졌다. 참고로 개호보험은 신체장애 등으로 혼자서는 정상적인 일상을 영위할 수 없는 사람들을 위한 일본의 간병보험이다. 일본은 1995년까지만 해도 의료보험 중 노인의료비가 차지하는 비중이 31퍼센트에 육박했는데, 노인의료비로 인해 의료보험이 제기능을 못하게 될 것을 우려해 2000년 4월 노인을 위한 전문보험인 개호보험을 도입하여 의료보험과 별도로 구분해 놓았다.

일본의 개호보험은 지원이 필요하다고 정부가 인정한 사람만이 대상이 되는데, 대상자 외에도 생활에 곤란을 겪는 노인이 많다고 한다. "개호보험 밖에 존재하는, 곤란을 겪는 어르신들을 돕고 싶다는 마음이 동기가 되어 시작한 것이 우리 법인입니다. 정부가 하지 못하는 부분을 지역 시민이 모여 서로 돕고 지탱해 준다는 데에 의미가 있다고 생각합니다." 카마쿠라 츠네오 부대표가 인터뷰 중에 쓴 '마음'이라는 단어가 와 닿았다.

도쿄 미타카 시에는 은퇴한 컴퓨터 전문가들이 지역 노인에게 컴퓨터와 스마트폰 사용법을 가르쳐주는 '시니어 소호 미타카'라는 NPO가 있다. 이 단체는 설립 당시 정부의 컴퓨터·인터넷 보급정책과 궤를 같이해서 출범했는데, 정부와 NPO 간의 긴밀한 관계를 보여주는 사례였다. 105명이 되는 회원들의 평균 연령은 66세, 최고령자가 88세 여성이다. 이 단체는 현재 지역 밀착 활동으로 영역을 넓혀가는 중이다. 지역 노인 돌봄 활동이나, 다음 세대인 아이들에게 도움을 주는 활동 등이 그것이다.

단체의 대표를 역임하는 구보 여사는 "지역에 돌아온 시니어들은 아직도 활기가 넘쳐요. 70세인 분들도 정정하죠. 지혜, 인맥, 기술을 가진 사람들이 지역에 공헌할 수 있고, 감사 인사를 듣고 기뻐할 수 있어요"라고 말한다.

일본의 은퇴자들은 용돈 정도의 가벼운 수입도 올리면서 NPO 활동을 한다. 노후 준비가 부족한 한국의 베이비붐 세대에게 아직 NPO 활동이 조금 멀게 느껴진다면, 다른 가능성이 있다. 수익성을 추구하면서 공익성도 도모할 수 있는 사업, 바로 협동조합이다. 실제로 은퇴한 시니어들이 협동조합으로 몰리고 있고, 서울시에서 설립된 협동조합의 60퍼센트가 시니어 협동조합이다. 720만 베이비붐 세대의 은퇴 러시에 대한 국가적·사회적 대비가 절실한 상황에서 협동조합이 주목받고 있다.

한편 미국은 NPO의 천국으로, 자원봉사의 나라로 알려져 있다. 전국적으로 200만 개의 NPO가 활동 중이다. 그중 55세 이상의 사람들이 참여하는 '경험봉사단'은 미국에서 규모가 가장 크고 전국적인 NPO다. 단체 설립을 주도한 마크 프리드먼은 국내에도 출간된《앙코르》,《빅 시프트》등 고령사회와 은퇴에 대한 통찰력 넘치는 저서를 여러 권 낸 전문가다. 그는 미국의 베이비붐 세대가 60~70대로 들어서면서 '은퇴'의 의미를 변화시키고 있다고 말한다. 과거 휴식, 레크리에이션에 집중하던 데서 이제는 인생의 2막이라는 인식으로 변화되고 있다는 이야기다.

"예전 세대처럼 은퇴를 일이나 사회 기여로부터의 해방이라고 생각하는 것이 아니라, 일이나 사회 기여를 할 자유가 주어진다고 생각하는 것이죠. 그 일은 의미가 있고 다른 사람들에게도 도움이 될 만한 일입니다."

그는 존 발렌 하버드 의과대학원 연구원의 '장년층의 행복'에 관한 연구 결과를 소개하면서, "가정에서든 회사에서든 젊은이들의 멘토 역할을 하는 장년층이 그렇지 않은 장년층보다 행복할 가능성이 세 배는 높다"고 했다.

마크 프리드먼은 은퇴자들이 사회적으로 뭔가 의미 있는 일을 한다는 의식이 중요하다고 강조한다.

"미국의 노년층들은 더 이상 '소일거리'를 하고 싶어 하지 않아요. 한국도 같을 것이라고 생각합니다. 노년층을 활동하게 하려면 그들의 재능이 필요한 분야에서 일하게 해줘야 합니다. 그들은 줄 것이 많은데도 소외되거나 인정받지 못하고, '전성기를 지난', '내리막길을 탄' 것으로 취급받지요. 그래서 이런 경험을 하려는 많은 사람들이 자신의 능력을 사용하기 위해 너무 많은, 불필요한 노력을 해야 한다고 느끼고 있습니다."

마크 프리드먼은 선구적인 미국의 사회적 기업가로 은퇴자들을 돕고 연결시키는 앙코르닷오르그를 운영 중이다. "본래 제 관심은 지역사회에서 젊은이들을 돕는 것이었습니다. 처음부터 장년층에 관심을 갖게 된 것은 아니었습니다. 그런데 상황을 전체적으로 살펴보고, 사용되지 않는 자원이 어디 있고 미래에 어디 있을지를 생각해 보니 사회의 고령화가 문제로 위장한 기회로 보이더군요."

그의 시대를 앞서가는 다음 행보가 기대된다.

明見萬里

4장

셀프부양 시대,
우리는 준비할 수 있는가

—

한국형 복지국가는 이 문제를 어떻게 풀 것인가

明
見
萬
里

편의점 아르바이트생은 여든의 할아버지.

장애 아이들을 가르치는 체육 선생님도 할아버지.

이 동네에 사는 대학생들은 어르신들에게서

반찬을 얻어가는 게 일상.

죽을 때까지 스스로의 힘으로 주위 사람들에게

도움이 되는 인생을 사는 것.

셀프부양 시대는 어떻게 가능할까.

셀프부양 시대, 우리는 준비할 수 있는가

한국형 복지국가는 이 문제를 어떻게 풀 것인가

현대판 '고려장'의 부활?
노인을 위한 나라, 일본의 위기

—

일본 도쿄 외곽의 평범한 주택가. 가정집을 개조해 만든 비인가 요양원을 찾아가기 위해서는 골목길을 한참 헤매야 한다. 이곳은 시설 등록을 하지 않아 정부의 규제를 받지 않는다. 여덟 명의 노인들이 저마다 생활하고 있는 한 평 남짓한 공간. 사람이 많을 때는 거실에까지 침대를 놓아야 할 정도로 열악한 환경이지만, 특별노인요양원에 들어가지 못한 노인들은 결국 여기까지 올 수밖에 없다.

아흔이 넘은 가네코 도모코 씨는 이 요양원에 들어오기 전까지 아들 집에서 부양을 받으며 지냈다. 하지만 몇 년 전 아들이 뇌경색으로 쓰러지면서 이곳으로 오게 되었다. 가네코 씨의 아들 요시나 게이지 씨 역시 일흔이 다 된 노인. 그는 그간의 답답한 심경을 털어놓았다.

"도쿄 도에 있는 특별노인요양원에 들어가려고 기다리고 있었어요. 하지만 대기자가 2000명이나 돼서 어머니를 언제 입소시킬 수 있을지 알 수 없었죠. 몇 년이 걸릴지 모를 일이었어요. 그렇다고 일반 요양원에 모실 형편도 안 되었고요. 제가 다리가 불편해지면서 제대로 된 일을 할 수 없어졌거든요."

결국 그는 어머니를 비인가 요양원으로 모실 수밖에 없었다. 일본의 웬만한 요양원은 아무리 저렴한 곳도 입주금 1억 원에 매달 200만 원 정도가 든다. 장애인 파트타임으로 하루 네 시간, 일주일에 3일을 일하며 최저임금을 받는 아들은 마음조차 먹어볼 수 없는 곳이다. 이 비인가 요양원마저 어머니 연금만으로는 부족해 월급에서 매달 60만 원을 지출하고 있다. 아들은 자신의 노후자금을 떼어 어머니를 부양하고 있다.

지금 일본에서는 노인인구가 급증하면서 공공 노인요양시설이 턱없이 부족한 상태다. 웬만한 요양원의 평균 대기기간이 4~5년이고, 길게는 14년을 기다리는 사람이 있을 정도다.

도쿄 도심에서 한 시간가량 떨어진 곳에 위치한 고마쓰바라엔 요양원의 사정도 별반 다르지 않다. 우리나라 요양원과 크게 달라 보이지 않는 이곳은 경제적 사정이 어려운 사람들을 위해 정부에서 운영하는

◆ 일본 노인 인구 및 요양시설 추이

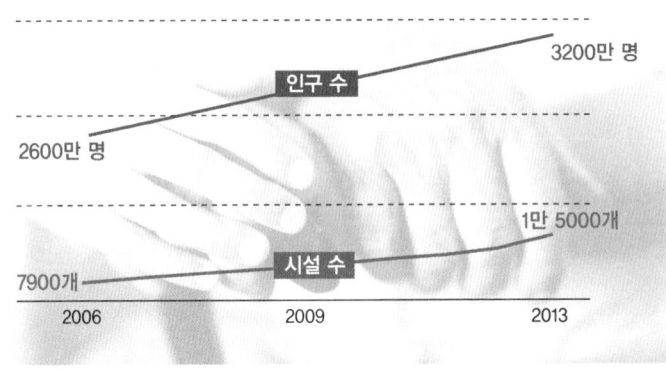

노인 인구 증가와 함께 요양시설도 꾸준히 늘고 있지만, 시설은 노인 인구 대비 10분의 1 수준으로 턱없이 부족한 상황이다. (출처: 일본 총무성, 후생노동성)

특별노인요양원이다. 약 170명의 노인들이 생활하고 있다. 이곳의 이용료는 보험 혜택을 적용받을 경우 한 달에 최소 40만 원으로, 일반 요양원의 5분의 1 수준이다. 저렴한 비용으로 일본 시민들의 환영을 받고 있지만, 대기자만 1700여 명에 달할 정도로 특별노인요양원에 들어가기가 쉽지 않다.

상황이 이렇다 보니 도심의 노인들을 지방으로 이주시키려는 정책까지 나오고 있다. 일본 도쿄에 위치한 인구 28만 명의 도시마 구. 이 지자체는 65세 이상 노인 인구가 20퍼센트를 넘어 이미 초고령사회로 진입했다. 현재 도시마 구의 특별노인요양원에 들어가기 위해 대기하는 노인만 약 3000명. 이미 열 곳의 시설이 있지만, 급증하는 노인인구를 감당하기에는 턱없이 부족하다.

상황이 이렇게 되자 도시마 구는 노인들을 도쿄 근교의 지방으로 이주시키는 정책을 내놓았다. 하지만 현대판 '고려장' 논란을 불러일으키며 비난받았다. 다카노 유키오 구청장은 상황이 그만큼 절박하다고 말한다.

"도시마 구에 비어 있는 노인요양시설이 단 한 곳도 없습니다. 그렇다고 요양원을 추가로 건설할 형편도 안 되죠. 최소 3000제곱미터의 땅이 필요한데, 그럴만한 땅도 재정도 없습니다."

노인을 위한 나라라는 일본마저 부모 부양 문제로 몸살을 앓고 있다. 비약적인 수명 연장으로 '연로한 부모님'이 짐이 되어간다. 부모의 병수발을 들기 위해 한창 활발히 경제활동을 해야 할 중년의 자식이 일을 그만두는 일까지 벌어지는 상황이다. 이른바 '개호(간병) 이직' 현상. 일본에서는 노부모 간병을 위해 퇴직하는 직장인이 매년 10만 명에 이른다.

심지어 나이 든 부모의 부양 문제로 인한 비극적인 사건까지 발생하고 있다. 부양의 부담을 견디지 못해 자식이 부모와 함께 동반자살을 하거나 부모를 살해하는 사건이 이어지면서 일본 사회는 충격에 빠졌다. 어쩌다 이런 지경에 이르렀을까?

어쩌면 이것은 10년 뒤 우리의 미래일지도 모른다. 120세 시대가 눈앞에 다가온 지금, 준비 없는 수명 연장은 '노인 부양 문제'라는 부메랑으로 우리 사회를 위협하고 있다. 아무리 건강수명이 늘어나고 은퇴 시기가 늦춰지더라도, 언젠가는 은퇴해서 부양을 받아야 하는 시간이 온다. 그런데 일본의 사례처럼, 120세 시대에 자식의 봉양을 바라기는 쉽지 않다. 장성한 자식이 효(孝)로써 연로한 부모를 모시는 전통적인 방식으로 부양 문제를 해결하기에는 수명이 길어져도 너무 길어졌기 때문이다.

초고령, 알파에이지 시대의 효(孝)는 어떤 모습일까? 가족의 힘만으로 부모를 부양하기가 점점 어려워지는 시대, 과연 새로운 부양의 길은 있을까? 세계에서 가장 빠르게 늙어가고 있는 우리의 미래는 어떤 모습일까?

'자식 농사'만 잘 지으면 되던 시대는 끝났다

—

쉰네 살 손순옥 씨의 하루는 부모님 댁을 찾는 것으로 시작된다. 손순옥 씨의 집에서 차로 20분 거리에 부모님 두 분이 따로 살고 있다. 순옥 씨는 매일 아침저녁으로 부모님 집을 찾아와 보살피는 방식으로 부양하고 있다. 아버지는 20년 전 뇌졸중을 앓은 뒤로 거동이 불편한 상태다. 어머니도 당뇨 합병증으로 건강이 점점 악화되고 있다. 현재 정부의 지원을 받아 요양보호사가 하루에 네 시간씩 어머니를 간병해주고 있지만 추가로 드는 간병비는 모두 순옥 씨의 돈으로 해결해야 한다.

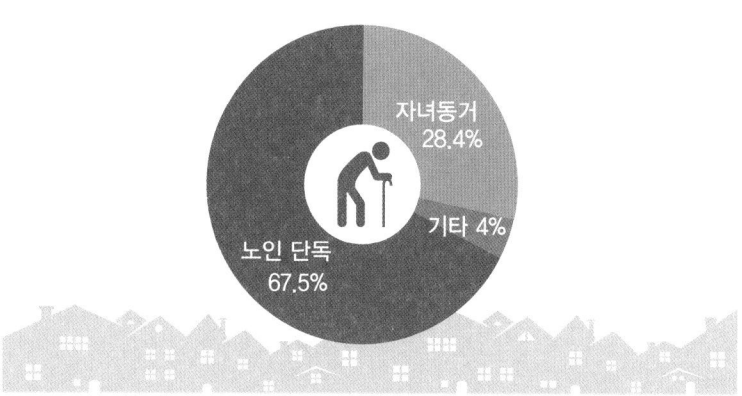

현재 우리나라 노인 가구의 약 70퍼센트가 자녀와 따로 살면서 부양을 받고 있다. (출처: 보건복지부 2014년 노인실태조사)

병원비와 약값이 만만치 않다. 한 달에 부모님에게 들어가는 돈만 100만 원에 이른다. 순옥 씨는 일을 하면서 부모님을 부양하고 있지만, 자신의 생활비와 부양비까지 모두 감당하기에는 부담이 크다. 그렇다고 부양에 대한 책임감을 떨칠 수는 없다. 아무리 힘들어도 할 수 있는 한 제 손으로 부모님을 봉양하고 싶다. 하지만 순옥 씨는 자신의 노후를 자식들에게 의지하지 않겠다고 한다.

"저는 나이가 들면 스스로 요양원에 들어가려고 마음먹고 있어요. 자식들한테 부담 주기 싫어서요. 제가 간병해 보니까 정말 힘든 일이더라고요."

현재 우리나라 노인 가구의 약 70퍼센트가 자녀와 따로 살면서 부양을 받고 있다. 부양의 방식이 변하고 있는 것이다. 모든 개인생활을 포기하고 부모님 부양에 전념하고 있는 순옥 씨. 이런 현실에서 자식에게 부담 주기 싫다는 마음과 달리 자신의 노후를 준비할 겨를은 없다.

손순옥 씨처럼 대한민국의 50대들은 많은 고민을 안고 산다. 자신의 노후 문제에, 자식의 교육·취업·결혼 걱정에, 연로한 부모님 부양 문제까지. 부모님을 누가 모실지, 어디서 모실지, 비용은 어떻게 부담할지 걱정거리가 한둘이 아니다. 2013년 서울대학교 노화·고령사회연구소와 미국 에트라이프 노년사회연구소, 한국 갤럽이 한국 베이비부머를 추적 연구한 결과에 따르면, 베이비붐 세대의 80퍼센트가 성인 자녀와 함께 살고, 68퍼센트가 노부모에게 경제적 도움을 주고 있다. 그들의 경제적 부담은 어느 정도일까. 베이비붐 세대의 월 가계부를 조사한 결과, 한 달 평균 생활비 중 가장 많은 돈이 지출되는 곳은 자녀 양육비고, 그다음이 부모 부양비용이었다.

사실 한국인의 평균수명이 70세이던 1990년대까지만 해도 별도의 '노후 준비'는 필요 없었다. 장성한 자녀가 부모를 모시는 것이 당연한 시대였기에, '자식 농사'만 잘 지으면 되었다. 하지만 평균수명이 80세를 훌쩍 넘기면서 부모 부양에 대한 시각 또한 변하고 있다.

1998년에는 부모 부양의 책임이 오직 가족에게만 있다고 대답한 비율이 89.9퍼센트로 압도적으로 높았다. 그런데 2014년에는 그 비율이 무려 3분의 1로 뚝 떨어져 31퍼센트 수준밖에 되지 않는다. 반면 가족과 사회 모두에 책임이 있다고 대답한 사람이 2014년에는 47.3퍼센트

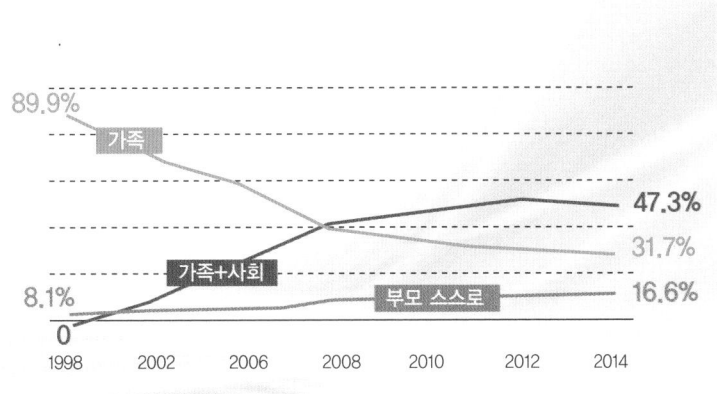

◆ 노부모 부양 책임의식 변화

89.9%

가족

47.3%

31.7%

가족+사회

8.1%

부모 스스로

16.6%

0

1998   2002   2006   2008   2010   2012   2014

최근으로 올수록 노부모 부양을 개인뿐 아니라 사회가 함께 책임져야 한다는 인식이 커지고 있다.
(출처: 통계청)

에 달했다. 이전까지 사회에 대한 책임은 거의 고려되지 않았는데 최근 사회가 제 몫을 떠맡아야 한다는 인식이 커지고 있다. 부모 스스로에게 책임이 있다고 대답하는 사람도 점점 늘어나는 추세. 부양받을 사람이 스스로 부양하는, 이른바 '셀프부양'이 필요하다는 것이다. 그리고 평균수명이 늘어날수록 '자식에게 손 벌리지 않고 노후를 스스로 책임지는' 셀프부양은 필연이 되어가고 있다.

그렇다면 노후를 스스로 책임지려면 얼마의 노후자금이 필요할까? 한 시장조사 업체에서 성인 2만여 명에게 은퇴 후 필요한 노후자금이 얼마인지 물어본 결과, 1억에서 3억 원내를 대답한 사람이 38.5퍼센트로 가장 많았다. 과연 3억 원이면 셀프부양이 가능할까?

효(孝)의 미래 = 셀프부양
스스로 부양할 준비는 되었나?

—

서울에서 30분 거리에 위치한 Y 실버타운은 우리나라 최초의 노인 전용 주거시설이다. 헬스장, 미용실, 각종 문화시설 등 생활에 필요한 모든 것이 구비되어 있다. 이곳에 입주해 이른바 셀프부양을 하고 있는 여든의 이규상 씨는 자식에게 부담 주기 싫어서 은퇴 후 실버타운을 선택했다고 한다. 그는 중산층이 감당하기에는 부담스러운 금액의 이곳 생활비를, 저축해놓은 돈과 연금으로 충당하고 있다.

이 실버타운의 20평대 입주 보증금은 약 2억 3000만 원으로, 중산층이 생활하려면 자신의 월급을 10년가량 모아야만 가능하다. 생활비도 한 달에 150여만 원, 1년이면 2000만 원에 달한다. 많은 이들이 적정 노후자금이라고 생각한 3억 원으로는 이곳에서 5년도 지낼 수 없다.

서울에 있는 실버타운의 입주 보증금은 최고 약 9억 원에서 최저 금액도 2억 원을 넘는다. 한 달 생활비 또한 최소 94만 원에서 최고 294만 원으로, 경제력이 뒷받침되지 않으면 입주가 불가능하다.

그렇다면 요양원은 어떨까? 국민건강보험공단에서 운영하는 서울 세곡동의 요양원을 살펴보자. 이 공공 요양원에 입소한 노인들은 신체, 인지 상태에 따라 맞춤형 관리를 받는다. 문제는 입소 경쟁률이 매우 치열하다는 점이다. 이곳만 해도 150명 정원에 720여 명이 대기하고 있다. 지금 접수해도 4~5년 뒤에나 입소할 수 있을 정도다. 그만큼 시설과 서비스의 질이 보장되는 공공 요양시설이 부족한 실정이다. 현재 우리나라의 장기요양시설 약 4000곳 중 A등급 판정을 받은 곳은 15퍼센트 정도로, 믿을 만한 요양원이 턱없이 부족하다.

이처럼 우리나라에서 셀프부양은 상위 1~2퍼센트에게나 가능한 이야기다. 그렇다면 평범하게 살아가는 90퍼센트 이상의 사람들은 노후를 어떻게 감당하고 있을까. 현재 우리나라 65세 이상의 노년층이 받는 공적연금이 한 달에 약 35만 원이다. 그런데 65세 이상 노인 1인당 월평균 진료비가 약 30만 원이다. 연금 대부분이 병원비로 나가는 셈이다. 만약 큰 병이라도 걸리면 연금만으로는 셀프부양이 턱도 없다. 결국 부족한 부양비는 고스란히 자식의 몫이 된다.

그렇다면 우리나라의 이런 상황이 전 세계적으로 봤을 때 일반적일까? 노인에 대한 복지지출 수준을 다른 나라들과 비교해보자. OECD 평균이 7.7퍼센트인 데 비해 우리는 2.5퍼센트에 불과하다. 독일은 OECD 평균보다도 높은 8.6퍼센트로, 우리나라의 세 배가 넘는 수치다. 그 덕분에 독일의 노인들은 스스로 부양하는 셀프부양이 가능하다. 노인 복지비는 공적연금과 의료, 간병 등 노인을 위한 각종 서비스 비용을 모두 합친 것이다. 다시 말해서 노인 복지비가 높다는 것은 자식들의 부양 부담이 그만큼 줄어든다는 이야기다. 유럽에서 가장 먼저 초고령 사회로 진입한 독일은 어떻게 했기에 셀프부양이 가능한 시스템을 만들었을까?

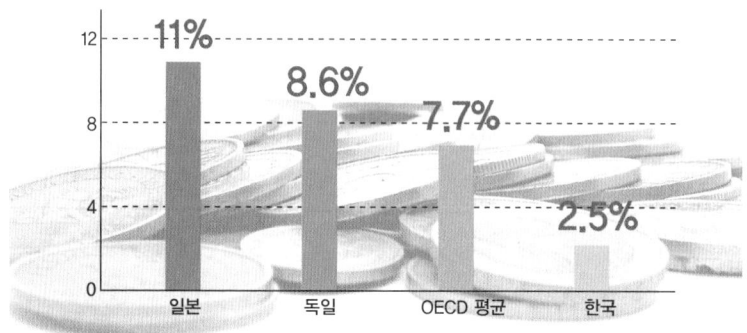

우리나라의 노인복지 지출 수준은 다른 OECD 국가들에 비해 낮은 편이다. 노인복지 지출이 낮다는 것은 당사자와 자녀의 부담이 그만큼 늘어난다는 이야기다. (출처: OECD)

한국형 복지국가, 어떤 나라에 살고 싶은가

—

베를린에 위치한 슈노우 요양원. 이곳으로 일흔넷의 루트 쇠어니크 씨가 어머니를 보러 왔다. 그는 4년 전 요양원에 어머니를 모셨다. 어머니의 연금과 간병보험으로 요양원 비용을 모두 충당할 수 있어서 아들의 경제적 부담은 전혀 없다. 독일 국민들은 연금만으로 노후에 드는 비용을 대부분 충당한다. 루트 씨 또한 마찬가지다. "만약 제가 나이가 들어 요양시설에 들어가도 저는 정부 지원이 필요 없습니다. 제

연금만으로도 충분하니까요."

한 설문조사에서 응답자의 80퍼센트 이상이 연금으로 노후 생활이 충분하다고 했을 만큼, 독일은 연금을 통한 셀프부양이 가능한 나라다.

그렇다면 부모를 시설에 모시지 않고 집에서 부양하는 경우에는 어떨까? 50대인 이사벨 치볼카 씨의 어머니는 2년 전 뇌출혈로 쓰러진 뒤로 집에서 간병을 받고 있다. 하지만 생활비에 대한 걱정은 없다. 본인 연금과 사별한 남편의 연금을 받을 뿐 아니라 모아둔 돈도 있어 노후를 지내기에 충분하다.

자녀들 또한 정부로부터 간병비를 지원받고 있다. 휠체어나 환자용 침대 등 간병에 필요한 물품 일체도 정부 지원을 받아 구입했다. 집에서 부모를 부양하는 경우, 가족은 정부로부터 최대 월 100만 원 정도의 간병비와 250만 원의 물품비를 지원받는다. 때문에 가족의 부양 부담은 크지 않다. 이사벨 씨 또한 그렇다.

"제가 휴가를 가고 싶으면 저 대신 어머니를 돌봐줄 사람을 고용하거나 단기로 시설에 모시는 데 필요한 돈을 2000유로에서 2400유로(약 311만 원) 정도 받을 수 있기 때문에 더 많은 사람들이 부모님을 집에서 모실 수 있습니다."

독일이 각종 제도를 통해 정부 차원에서 노인 부양을 책임지는 이유는, 결국 그것이 가족을 지켜내는 힘이라고 믿기 때문이다. 독일 노인연구소의 소장 클레멘스 테쉬 뢰미 씨는 "독일의 간병보험제도가 가족관계를 강화하고 있다"고 말한다.

"대다수 복지국가는 연금제도와 간병보험제도가 가족의 부양을 대신합니다. 하지만 독일의 경우는 그 반대예요. 복지제도가 가족들 간의 관계를 강화하고 있습니다. 개인이 부양 의무를 다할 수 있도록 국가가 도와주는 것이죠."

이렇듯 독일은 부모 부양에 자식이 책임을 다할 수 있도록 전폭적인 지원을 해주고 있다. 그리고 더 근본적으로는 연금이나 각종 사회복지제도를 통해 부모 스스로 셀프부양을 할 수 있다.

그렇다면 독일의 연금제도와 우리의 연금제도는 어떻게 다를까? 독일의 경우 월평균 연금 수령액은 159만 원, 우리나라는 약 35만 원이다. 그런데 납입액을 보면 독일은 월 74만 원을 내는 데 반해, 우리는 월 19만 원 수준이다. 독일의 3분의 1 정도다. 독일의 연금 시스템은 우리보다 더 많이 내고, 더 많이 받는 구조다.

그렇다면 우리도 독일처럼 연금에 더 많은 돈을 낸다면 문제가 해결될까? 사실 노후 보장 문제는 연금만으로 이야기할 수는 없다. 국민 부담을 마냥 늘릴 수도 없고, 국가도 한정된 재원을 연금에만 사용할 수 없기 때문이다. 연금과 더불어 필요한 것은 의료, 간병, 요양 등의 사회서비스다. 사회서비스가 잘 갖춰진다면 연금이 좀 적더라도 큰 문제가 아니다. 많은 국가들이 연금은 줄이고 사회서비스는 늘리는 방향으로 개혁을 추진하고 있다. 또한 노인 사회서비스가 늘어나면 그것이 건강한 노인의 일자리가 될 수도 있어서 '꿩 먹고 알 먹는' 전략이기도 하다.

더 이상 노인 부양을 개인에게 맡길 수 없는 상황이라면, 하루라도 빨리 사회적 부양을 모색할 필요가 있다. 물론 지금 당장 독일 수준의 복지제도를 만들기는 어렵다. 하지만 "더 잘살게 되면, 적어도 국민소득이 5만 불은 되어야 복지를 늘릴 수 있다"라는 식의 이야기는 적절치 않다. 독일과 같은 유럽 복지국가들이 지금과 같은 제도를 만들기 시작한 것은 국민소득이 겨우 5000불, 1만 불도 안 되던 시절이었다.

그렇게 보면 우리나라의 복지 확충은 소득수준이나 사회 변화에 비해 한참 늦었다. 돈이 많고 적은 게 문제가 아니다. 지속 가능한 성장과 국민행복을 위해서 복지제도가 필요하다는 데 시민들이 동의하느냐가 중요하다. 결국 우리가 어떤 나라에 살고 싶은지, 또 그것을 관철할 의지가 있는지가 관건이다. 더 늦기 전에 한국형 복지국가로 개혁하고, 그 개혁안에 대한 사회적 합의를 이끌어내야 한다.

그리고 이것은 정치인들만의 문제가 아니라 우리 모두의 문제다. 복지를 정치인에게만 맡겨서는 안 된다. 표를 의식한 포퓰리즘 공약이 아무리 많이 쏟아지더라도, 그것이 실제 정책으로 실현될지는 전혀 별개의 문제다. 많은 선거에서 보다시피, 정치인들이 내놓는 공약에는 복지를 통해 누릴 장밋빛 미래만 나올 뿐, 복지예산을 마련하는 방안이나 구체적인 실행계획은 찾아보기 어려운 경우가 많다. 이렇게 국민에게 부담은 요구하지 않고 복지만 늘린다면 국가재정은 휘청거릴 수밖에 없다. 이제 '복지'를 누릴 권리와 '납세'할 의무를 함께 생각하는, 복지국가에 관한 시민적 각성이 중요한 시점이다.

단순히 부양받는 존재가 아닌,
공동체의 일원으로서 역할을 수행하다

—

물론 셀프부양이 경제적인 지원 시스템만으로 완성되는 것은 아니다. 사회가 아무리 제도적으로 개인을 보호해 주더라도, 주위에 아무도 없다면 진정한 셀프부양이라고 할 수 없다. 이제 노년을 맞는 사람들을 위해 사회가 새로운 틀을 만들어야 한다. 일본은 이미 새로운 마을 공동체 안에서 그 답을 찾고 있다.

도쿄에서 다섯 시간 거리의 이시카와 현에 위치한 셰어 가나자와가 바로 그곳이다. '사적인 부양의 교환'이 불가능한 시대에 이곳은 새로운 방식으로 부양에 대한 문제를 풀어가고 있었다. '한데 어울리는 게 좋다'는 콘셉트로 세워진 이 공동체는 남녀노소, 장애인과 비장애인, 집과 가게, 셰어 가나자와 사람들과 외부 사람들이 모두 어우러진다. 이곳은 단순한 노인 요양시설이 아니라 새로운 형태의 마을 공동체다.

셰어 가나자와에 사는 노인들 또한 단순히 부양받는 존재가 아니다. 이곳 편의점에서 일하는 후에키 노부지 씨는 벌써 여든이 넘었다. 하지만 그는 자신이 할 수 있는 방법으로 공동체의 일원이 되어 생활한다. 매일 아침 숲속 길을 따라 공동체에서 출자해 만든 편의점으로 출근하는 그는 수시로 냉장고 음료수들을 정리하고, 전자계산기를 두드리며 물건값을 계산하고 거스름돈을 챙겨준다. 느리지만 정확하다. 후에키 씨는 이곳에서 생활하면서 좋은 사람들을 많이 만나 외롭지 않다

셰어 가나자와는 단순한 노인 요양시설이 아니라, 다양한 연령대와 계층의 사람들이 모여 사는 새로운 형태의 마을 공동체. 왼쪽은 셰어 가나자와 건물. 오른쪽은 지역 주민들의 모습.

고 말한다. 고령자가 누군가의 부담스러운 짐이 아니라 삶을 함께 나누는 친구가 되는 것이다.

장애를 가진 아이들에게 체육 지도 봉사를 하고 있는 스즈키 소지로씨도 70대다. 그는 자신이 누군가를 위해 무언가를 할 수 있다는 점이 가장 기쁘다고 말한다. "노인 복지시설에서는 대부분 '손대지 말고 저희에게 맡겨주세요'라고 합니다. 하지만 여기는 맡겨달라고 이야기하면서도 '하고 싶은 일이 있으면 하세요'라고 하거든요. 그런 점이 다르다고 생각합니다. 저는 여러 가지 서비스를 받을 수 있기 때문에 이곳을 선택한 것이 아니에요. 제가 무언가 할 수 있는 일이 있지 않을까 해서 이곳을 택했습니다."

이 마을에서는 90세가 훌쩍 넘은 노인도, 대학생도, 청소년층 장애인도 서로 의지하고 봉사하고 어울리며 살아간다. 특히 주머니 사정이 여의치 않은 대학생들을 위해 월세를 저렴하게 받는 대신, 학생들은 장애인이나 고령자를 위해 월 30시간 봉사한다. 하지만 실제로는 어르신들로부터 반찬을 얻는 등 거꾸로 돌봄을 받고 있는 곳이 셰어가나자와이기도 하다.

가족이라는 울타리를 넘어 나이도 직업도 생활방식도 다른 사람들이 모여 만든 새로운 공동체. 각자 할 수 있는 일을 찾아 역할을 분담하고 서로의 외로움을 덜어주는 이 마을의 모습에서 셀프부양 시대를 살아가는 또 하나의 길을 찾을 수 있다.

자기 완성적 존재로서의 노인

＿＿＿

잘 알려져 있다시피, 우리나라의 노인 빈곤율과 자살률은 OECD 최고 수준이다. 가난으로 내몰린 노인들의 범죄율 또한 급증하고 있다. 게다가 빠르게 노령화되고 있는 베이비부머들 또한 부모 봉양에 자식 부양으로 노후 준비가 부실한 상황이다. 그런데도 우리나라의 복지체계는 여전히 초가집 수준이다.

행동경제학에 '넛지 효과'란 것이 있다. 예를 들면, 계단을 밟을 때마다 건반 소리가 나는 피아노 계단을 설치했더니 사람들이 에스컬레이터보다 계단을 더 많이 이용하더라는 것이다. 이처럼 합리적인 제도를 설계하면 사람들의 행동이 그에 따라 변화하고, 결과는 놀라운 기적을 낳을 수도 있다.

이제 120세 시대에 맞는 부양의 방식을 준비할 때다. 셀프부양은 사실 혼자만 잘살자는 이야기도, 혼자 힘으로 살아남으라는 이야기도 아니다. 진정한 셀프부양이란 역설적이게도 혼자의 힘이 아니라 이웃과 사회와 국가의 힘이 보태져야만 가능하다. 개인의 경제적 자립, 우리 사회와 공동체가 맡아야 할 제도적이고 항구적인 뒷받침, 인간적이고 따뜻하며 친밀한 정서적 부양이 함께 어우러져야만 진정한 셀프부양이 완성된다.

《40대가 미리 보는 하류노인 행복노인》이라는 책에서도 언급했듯, 노인이란 기본적으로 "지금까지 수고했으니 이제는 그 자리에 있어주는 것만으로도 좋은 자기 완성적 존재"다. 물론 120세 시대에 맞게 노인의 기준은 재조정되겠지만 말이다. 현대판 '고려장' 논란에서 볼 수 있듯이, 자칫 급증하는 노인인구를 감당하지 못한다면 노인을 어쩔 수 없이 책임져야 할 부담스러운 존재로 치부해버릴 수 있다. 이것은 상당히 불행한 일이다.

한국의 유구한 문화와 전통 속에는 계층과 나이와 빈부의 격차를 뛰어넘어 함께 어울리고 서로를 돌보며 약자를 품어주는 삶이 녹아 있었다. 하지만 세상의 흐름이 빨라지고 자본과 경제의 논리가 전통의 가치를 대체하면서 공동체 의식이 무너지고 노인들은 설 자리를 잃게 됐다.

진정한 복지는 구성원들이 교류하면서 따뜻한 공동체를 이루는 것이다. 꼭 결혼을 하거나 혈연관계가 아니더라도 서로 부족한 부분을 도우면서 삶을 함께 나눌 수 있다. 이러한 공동체 의식의 복원이야말로 타자화된 삶에서 우리를 구원할 것이다.

이제, 내 부모님이 평안하고 안락하게 살아갈 수 있는 공간, 내가 노후에도 이런저런 걱정 없이 남아 있는 삶을 즐길 수 있는 여건을 만들어나가야만 한다. 노년이 누구에게도 부담이 되지 않는 사회, 이것이야말로 120세 시대가 두려움이 아닌 살아보고 싶은 미래가 될 핵심 열쇠일 것이다.

부양도 각자도생?

김대현 PD

'효도계약서'가 유행이란다. 보통 부모와 자식 간 계약이다. 부모가 자식에게 일종의 '부양'을 보장받는 내용이 주를 이룬다. 자식은 문안 인사, 장례 등의 의무를 다하고 대신 부모의 재산을 증여받는다. 부모 입장에서 효도계약서는 노후를 보장받기 위한 어쩔 수 없는 선택이다. 어느덧 부양이 계약을 통한 법적인 공증까지 받아야 하는 현실이 된 것이다.

과거 '부양'은 효의 덕목 중 하나였다. 부모는 자연스레 성인이 된 자식이 노후를 부양해줄 것을 기대한다. 우리의 부모도, 그들의 부모를 그렇게 부양해왔다. 그건 일종의 대물림에 의한 의무다. 그렇지 못할 경우 '불효'라는 꼬리표가 붙는다.

2017년 오늘을 사는 이들에게도 그러한 생각이 유효할까. 부양의 의미는 세대에 따라 다르다. 70세 이상 노인 세대는 절대적 부양이 필요한 상황. 청년 세대도 좁아진 취업문 때문에 부양(?)이 필요하다. 이두 세대를 부양하는 세대가 존재한다. 대표적으로 베이비붐 세대가 그렇다. 그들은 현재 부모를 부양하면서도 자식으로부터 부양받지 못할 가능성이 높다. 이른바 '샌드위치 세대'인 베이비부머들은 고민이 이만저만이 아니다. 대다수 베이비부머들은 연금을 제외하면 집 한 채 정도의 재산을 가지고 있다. 하지만 만약 노부모가 심각한 병이 나거나 장기간 요양이 필요한 경우가 생긴다면 그들 자신의 노후에도 빨간불이 켜진다. 반대로 자식의 취업이 늦어진다면 말할 필요도 없다. 이래저래 그들은 노후가 불안하다.

실제 베이비붐 세대에게 '부양'은 어떤 의미일까. 그들의 이야기를 직접 들어보려 했지만 쉽지 않았다. 누군가를 부양하고 있다는 것조차 밝히기를 꺼려했다. 솔직한 속내를 털어놓았다가 자칫 세인들의 눈에 '불효'로 비칠까 걱정했다. 그렇다. 그들에게 부양은 여전히 자녀로서의 '의무'였다.

그러나 조금씩 이런 생각들이 바뀌고 있다. 고령사회에 접어든 대한민국에서 자녀의 경제력만으로 부모를 부양하긴 어렵다. 초고령사회로 진입하는 속도가 빠르다. 부양으로 인한 사회적인 문제도 급속하게 늘 것이다. 결국 베이비붐 세대나 그 이후 세대는 자신이 자신을 돌볼 준비를 해야 한다. 미래는 '셀프부양' 시대가 될 것이다.

부양의 형태 중 하나인 '요양' 실태는 어떨까? 요양원은 건강보험공단의 등급을 받을 경우에만 이용할 수 있는 시설이다. 단순한 부양보다 경제적, 심리적 부담이 큰 부양의 형태이기 때문에 꼭 취재가 필요했다. 역시나 십중팔구 대다수 요양원에서 취재를 거부했다. 인권 등 조심스러운 부분이 많았다.

다행히 전국 최초로 국민건강보험공단이 운영한다는 서울요양원을 취재할 수 있었다. 모든 시설이나 비용 기준이 전국 표준인 곳이다. 그렇기 때문에 대기자도 많다. 입소가 하늘에서 별따기란다. 여느 시설보다 깨끗하고 1인당 배정된 공간 자체가 넓었다. 국가 직영으로 이런 시설을 확충하면 얼마나 좋을까. 하지만 재정이 문제다.

사설 요양원 문제가 늘 터져 나오는 현실에서 해결책은 국가나 지자체가 직접 운영하는 요양원을 늘리는 것이다. 여전히 일부 사설 요양원은 편법적으로 운영되고 있다. 한 예로 '원 플러스 원'. 즉 한 명 더 데려오면 한 명은 공짜로 이용하는 마케팅까지 나오는 실정이다.

그밖에 사설 요양원이나 실버타운의 경우에는 빈익빈 부익부가 확연하다. 서울에 있는 한 실버타운은 보증금이 9억 원이 넘는다. 한 달 생활비가 300만 원 정도다. 평범한 노부부가 노후를 보내기에는 초고가인 셈이다. 한 실버타운 관계자는 2016년 기준, 전국적으로 실버타운이 30개 남짓이며 최근 들어 경영난으로 폐업한 곳이 늘고 있다고 했다. 어느 곳도 셀프부양을 하기 쉽지 않아 보인다.

고령사회에 이미 진입한 일본은 부양 문제로 몸살을 앓고 있다. 특히 예산 문제 등으로 도쿄는 비인가 요양원조차 입소하기 어렵다고 한다. 어렵게 비인가 요양원을 수소문해 취재했다. 주택가를 몇 번이고 헤매며 간신히 찾은 곳에는 2평 남짓한 공간에 노인 한 명꼴로 모여 살고 있었다. 답답해 보이는 공간에 의탁한 그들의 노후가 쓸쓸해 보였다. 관계자는 이런 공간마저 없다면 노인을 돌볼 곳이 없다고 했다. 지자체가 운영하거나 허가한 요양원은 이미 포화상태라고 한다.

비인가 요양원에 사는 한 노인의 아들을 만났다. 일본의 베이비붐 세대인 그는 자신의 처지 때문에 부모를 함께 모시기도 힘들다고 했다. 일본에도 우리의 노인요양보험의 전신인 개호보험이 있다. 하지만 예산 문제 등으로 허점이 많다. 본인의 연금도 있지만 평균수명이 늘어나는 상황에서 노후 생활을 하기에도 빠듯하다는 것이다.

암울한 미래에 희망을 줄 묘안이 있을까. 유럽의 여러 나라 중 독일로 떠났다. 독일은 스웨덴, 핀란드 같은 국가보다는 상대적으로 세금 부담이 적기 때문에 우리의 현실에 적합한 대안이 있을 거라 예상했다. 하지만 기대와 달리 독일도 부양 문제로 고심하고 있었다. 독일의 베이비붐 세대는 충분한 연금 덕분에 큰 어려움이 없었지만 현재 젊은 세대들은 불만이 많다고 한다. 독일도 고령화로 인한 연금 고갈 문제가 심각하다. 다만 의식만은 남달랐다. 독일에서 만난 요양원 관계자나 노부모를 부양 중인 시민들은 자신의 부양을 국가가 책임져야 한다고 확신하고 있었다.

　최근 가족 부양의무제를 폐지하기 위한 논의가 진행 중이다. 현재는 민법상 자녀가 부모에 대한 부양 의무를 진다. 이 법이 폐지되면 결국 개인이 1차적 부양을 책임지는 사회가 된다. 법적으로도 셀프부양 사회가 된다는 것이다. 이럴 때일수록 국가가 셀프부양의 빈 공간을 채워주는 사회적 안전망이 필요하다. 하지만 그만큼 재원도 필요하다. 증세 없는 복지는 없다. 이쯤 되면 찬반이 엇갈린다. 사회적 합의가 필요한 이유다. 대한민국은 OECD 국가 중 GDP 대비 사회복지지출 비중이 최하위권이다. 시사하는 바가 크다. 성장보다는 이제 분배에 눈길을 줘야 한다. 초고령사회 진입을 코앞에 둔 이 시점에서 국가가 부모를, 나를, 자녀를 돌봐주는 사회를 꿈꿔본다. 제각기 살길을 찾아야 하는 각자도생의 시대는 이제 막을 내려야 한다.

3부

직업

Job

明見萬里

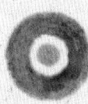

5장

자신이 경영하는 사업,
그 자부심을 넘치게

—

660만 골목사장의 인생을 바꾸지 않으면 성장은 없다

맥도날드가 맥을 못 추고

스타벅스가 별 볼 일 없는 곳,

미국에서 가장 자영업하기 좋은 도시,

벌링턴은 어떻게 만들어졌나.

부모로부터 물려받은 자본이 없어도

내 힘으로 '사장님'이 되어 떳떳하게 살 수 있는 세상을 꿈꾼다.

자신이 경영하는 사업,
그 자부심을 넘치게

맥도날드와 스타벅스가 두렵지 않다?

—

"맥도날드가 있는데 장사가 잘되지 않아요. 대신 근처에 잔디를 먹고 자란 소로 만든 17달러짜리 지역 전통 버거를 판매하는 곳은 매일 밤마다 사람들로 가득 차요." (벌링턴 시청 직원)

"이 거리에 스타벅스가 들어온다고 했을 때 부모님은 '올 테면 오라지! 누가 신경 쓸까 봐?'라고 하셨죠. 왜냐하면 그들과 우리는 전혀 달랐으니까요. 저희는 커피를 직접 로스팅하고요. 저희 커피에 자신이 있고 저희를 좋아하는 고객들이 있으니 걱정할 필요가 없었어요. 이 거리에는 3대까지 이어져 오는 오랜 전통의 가게들이 많아요. 모두 그

런 자신감이 있을 거예요." (벌링턴 처치 스트리트의 카페 주인)

"저의 경쟁력이요? 저는 여기 살고 있으니 이 동네 소비자들을 잘 알아요. 큰 업체의 대리점은 사장이 먼 곳에 있으니 어떤 결정을 바로 내릴 수 없지만, 저는 소비자가 깨진 유리잔을 가져왔을 때 회사의 정책에 의존할 필요 없이 바로 그 순간에 결정을 내릴 수 있죠. 또 저는 소비자가 제 가게에서만 느낄 수 있는 즐거운 경험을 할 수 있도록 진열, 조명, 서비스 등을 준비하고 있고요. 관광객들도 대도시 어디에나 있는 대형 체인점 대신 지역적인 색깔이 있는 제 가게를 좋아합니다." (벌링턴 잡화점 주인)

"이 거리의 상점 주인들이 경쟁을 잊고 함께 머리를 맞댔어요. 혼자 하면 자기 가게 홍보로 끝나지만, 여러 사람이 모여 동네를 위해 일하면 그 열기는 배가되죠. 저희 거리에는 여러 개의 커피숍과 식당이 있지만 서로 사이가 좋아요. 싸우지 않죠." (비쉬 로드 부엌용품점 주인)

"개인상점이 품질이 좋고 값도 싸서 이용해요. 무엇보다 굉장히 친절하거든요. 찾는 물건이 없으면 어디선가 구해서 연락을 주고요. 제가 어떤 걸 좋아하는지도 다 알아요. 이런 유대감이 좋아요. 게다가 지역 경세에 노움이 되잖아요. 대형마트를 이용하면 그 돈이 어디로 가는지 모르지만, 지역사회 안에서 돈을 쓰면 주민들이 서로 상부상조하며 함께 잘살 수 있으니까요." (비쉬 로드의 소비자)

대한민국의 자영업자들이 듣는다면 마치 꿈같은 이야기가 아닐까 싶은 이 인터뷰들은 미국과 영국에서 이루어졌다.

우선 미국으로 가보자. 옷, 그림, 음식, 보석, 수공예품, 공정무역 물품 등 다양한 물건을 파는 가게 100여 개가 거리 양쪽으로 늘어서 있다. 대개 어른 걸음으로 일곱 보폭이 안 되는 조그만 가게들인데, 각기 저마다의 개성을 뽐내며 서로 어우러져 예쁜 풍경을 만들어내고 있다. 차가 다니지 않는 보행자 전용 거리라서인지 지역 주민들도, 관광객들도 표정에 여유가 묻어 있다. 이곳은 미국 동북부 캐나다와 접경 지역 버몬트 주에 위치한 벌링턴 시에서 가장 번화하고 유명한 거리, 벌링턴을 찾는 관광객들이 꼭 들러보고 싶어 하는 매력적인 곳, 바로 처치 스트리트다.

벌링턴은 버몬트 주에서는 가장 큰 도시이지만, 인구가 4만 명에 불과해 미국 전체로 봐서는 아주 작은 도시에 지나지 않는다. 그러나 벌링턴 시는 미국에서 꽤 특별한 위치를 차지하고 있다. 바로 비즈니스의 97퍼센트가 소상공인에 의해 이루어져, 미국에서 자영업하기 가장 좋은 도시로 평가받는 곳이다. 처치 스트리트에 가면 이 거리의 명물인 대형 벽화를 볼 수 있다. 벽화의 주인공은 누구일까? 다름 아닌 마을에서 실제로 가게를 운영하는 자영업자들이다. 이곳에서 자영업자의 위상이 어느 정도인지 쉽게 짐작할 수 있다.

다음은 영국으로 가보자. 영국은 '구멍가게의 나라'라고 불릴 정도로 소상공인이 많다. 나라에서 해마다 최고의 골목 상권을 선정해 상을 주는 '하이 스트리트 어워즈(high street of the year award)'를 개최하는데, 2015년 수상 지역은 요크 시에 있는 비쉬 로드였다.

왼쪽은 미국 벌링턴 시에 있는 처치 스트리트의 벽화. 이곳에서 실제로 가게를 운영하는 자영업자들이 그려져 있다. 오른쪽은 '구멍가게의 나라' 영국에서도 최고의 골목 상권으로 꼽히는 비쉬 로드.

비쉬 로드는 10년 전까지만 해도 극심한 침체기를 겪었다. 하지만 상인과 소비자가 함께 뭉쳐 골목 상권을 살려내기 위해 노력한 결과 최고의 상까지 받았다. 비쉬 로드에서는 자주 소비자들과 상인들이 함께하는 작은 파티가 열리는데, 서로의 안부를 묻고 마을의 소식이 오고가는 화기애애한 풍경이 그려진다. 파티가 없을 때라도 비쉬 로드의 주민들은 마을 상점을 마치 사랑방처럼 여기며 허물없이 드나든다.

한 집 건너 치킨집, 한 집 건너 카페

'퇴직 후 치킨집'이라는 게임이 있다. 제목 그대로 게임을 시작하면 치킨집을 창업하게 되는데, 창업을 위해 대출을 받고 직원도 뽑고 임대료를 내는 등 창업 과정을 그대로 거친다. 장사가 잘되지 않으면 또다시 대출을 받고, 그러다 결국 파산하는 것으로 끝이 난다. 씁쓸하지만 지금 우리의 현실과 너무나도 흡사하다. 이 게임은 한 대학생이 곧 퇴직을 앞두고 있는 자신의 아버지가 은퇴 후 치열한 닭집 전쟁에 뛰어드는 건 아닐까 하는 염려에서 만들었다고 한다.

같은 자영업자이지만 벌링턴이나 비쉬 로드의 자영업자들과 대한민국의 자영업자들은 왜 이리도 처지가 다를까? 여유롭고 당당한 그들과 달리 한국의 자영업자들은 마치 개미지옥에 빠진 개미 신세와 같아 보인다. 도대체 그 원인이 어디에 있는지 우리의 자영업 현실을 진단하는 것부터 시작해보자.

대한민국 자영업자 수는 2017년 기준으로 대략 550만 명, 가족 종사자까지 합하면 660만 명을 넘어섰다. 우리나라 경제활동인구 네 명중 한 명꼴이다. 이것이 얼마나 높은 수치인지는 OECD 국가들의 자영업 비율을 비교해보면 금방 알 수 있다. 그리스가 1위, 그다음이 터키와 멕시코 그리고 4위가 27.4퍼센트의 한국이다. 그리스, 터키, 멕시코가 세계적인 관광국가라는 점을 감안하면 우리나라의 자영업 비율은 가히 세계 최고 수준이다.

사실 수치를 보지 않더라도 당장 주변 골목마다 빼곡히 늘어선 카페, 호프집, 편의점, 치킨집 간판들이 한국의 자영업 시장이 얼마나 큰 규모인지 알려주고 있다. 심지어 불과 몇 미터 사이에 같은 업종이 나란히 자리하는 경우도 흔하다.

숫자만으로 현주소를 알기 어렵다면 직접 서울의 대표적인 상권 가운데 하나인 합정동 카페거리로 가보자. 이곳은 홍대 상권이 확장되면서 형성된 거리로, 우리나라에서 가장 경쟁이 치열한 카페 상권 중 하나다. 300미터 남짓한 골목상권 안에 150개에 달하는 가게들이 자리하고, 그 가운데 20곳 이상이 카페다. 범위를 넓혀 홍대 상권 전체로 보면 1년마다 100여 개가 넘는 카페가 새롭게 생겨난다.

몇 개월 전 합정동에 문을 연 카페 사장은 이곳의 사정을 이렇게 전한다.

"이곳은 말하자면 커피 전쟁터예요. 하루에 못해도 300~400잔은 팔아야 본전을 찾을 수 있는데 카페가 또 생기고 또 생기니 정말 어렵습니다. 심지어 무료 커피 이벤트를 벌이는 카페도 있어요. 제 살 깎기인 줄 알면서도 하는 거죠. 잔인한 생존 경쟁터예요."

그렇다면 현재 대한민국의 자영업자들이 한 달에 벌어들이는 수입이 얼마나 될까? 안타깝게도 2013년도 기준으로, 자영업자 가운데 절반 이상이 한 달에 200만 원도 채 벌지 못하고 있다. 심지어 100만 원도 채 못 버는 사람도 30퍼센트 가까이 된다.

상황이 이러니 자영업자 폐업률은 사상 최고로 심각한 수준이다. 창업 후 1년이 지나면 생존율은 84퍼센트, 3년이 지나면 생존율은 40퍼센트로 뚝 떨어지고, 5년이 지나면 열 곳 중 세 곳밖에 남지 않는다. 1년에 100여 개의 카페가 문을 여는 홍대 상권에서 문을 닫는 카페도 1년에 100여 개에 달한다.

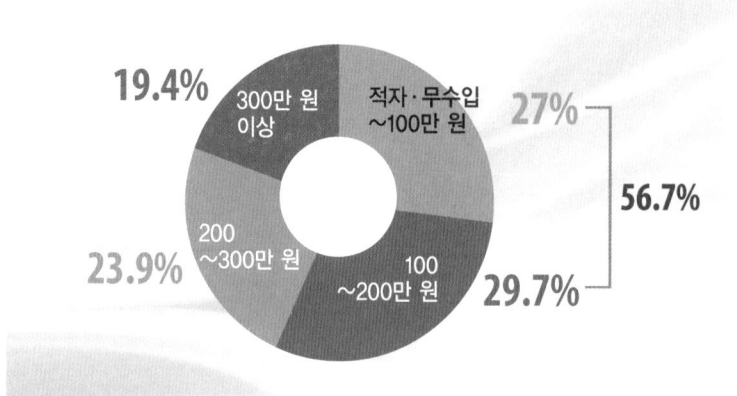

우리나라 자영업자 가운데 절반 이상인 56.7퍼센트가 한 달에 200만 원도 채 벌지 못하고 있다.
(출처: 소상공인시장진흥공단, 2013년)

심지어는 폐업하는 음식점이 너무 많아 예전에는 후불제였던 음식물 쓰레기 수수료가 선불제로 바뀌고 있을 정도다. 폐업으로 쓰레기 수수료가 미납되는 경우가 많아 음식물 쓰레기를 버릴 때 칩을 미리 사서 쓰레기통에 붙이도록 한 것이다.

창업 이유 NO.1?
대안이 없어서!

—

사람들은 왜 이다지도 힘든 자영업 시장에 뛰어들까? 그 까닭을 들어보기 위해 경기도 광주에서 열린 창업설명회를 찾아가 보았다. 참가자 170여 명 가운데 가장 많은 수를 차지하는 사람들은 베이비붐 세대였다. 은퇴 후 사회로 나온 이들 대다수가 자영업을 택하고 있으며, 그 숫자는 나날이 증가 추세에 있다.

그런데 이날 현장에는 젊은이들 또한 적지 않게 눈에 띄었다. 일자리를 찾지 못한 청년들이 자영업에 진입하면서 20대 자영업자 수가 눈에 띄는 증가세를 보인다. 이들의 유입은 최근 자영업 시장을 더욱 치열하게 만들고 있다.

"원래 취직하고 싶은 회사들이 있었는데 못 갔고, 집에서 정착하라고 강요하기도 해서 자영업을 하려고 합니다."

"키즈카페를 해볼까 해요. 여기서 상담받아보고 대출도 좀 받아볼까 해서 왔어요."

퇴직하고 식당을 차리려 한다는 50대부터 취업이 안 돼 편의점 창업을 선택한 20대 청년까지, 모두가 절실한 마음으로 창업을 준비하고 있었다. 참가자들 각자 창업을 결심한 개인적인 이유들이 있었지만, 창업을 하는 가장 큰 이유는 다름 아닌 '대안이 없어서'였다. 무려 80퍼센트가 넘는 사람들이 먹고살 방법이 없어서, 어쩔 수 없이 창업에 뛰어들고 있다는 말이다.

자영업 진입을 준비하는 사람들이 어떤 상황인지 알아보기 위해 창업 아카데미 참가자들을 대상으로 몇 가지 설문조사를 실시해 보았다. 먼저 창업 준비 기간이 얼마나 되느냐는 질문에 참석자의 80퍼센트 이상이 6개월 미만이라고 답했다. 대부분 충분한 준비 없이 창업을 시작하고 있었다.

다음으로 어떤 업종을 준비하느냐는 질문에, 참석자의 90퍼센트가 음식점, 치킨집, 카페, 편의점, 미용실의 다섯 개 업종 중 하나라고 답했다. 이 다섯 가지 업종은 이미 포화상태라 경쟁이 매우 치열한데, 그럼에도 사람들은 계속해서 식당과 카페로 뛰어들고 있었다. 마지막으로 대출 여부를 묻는 질문에는 90퍼센트 이상이 대출을 받을 예정이라고 답했다.

이미 경쟁이 치열한 분야에 채 반년도 준비하지 않은 이들이 남녀노소 빚을 떠안고 뛰어드는 상황인 것이다. 이들의 미래는 어떨까.

조물주 위에 건물주, 스타벅스도 무서워하는 한국의 임대료

운 좋게 모든 것들의 합이 잘 맞아서 창업 후 장사가 아주 잘된다고 가정해보자. 그렇다고 해서 곧바로 성공으로 연결되지는 않는다. 대한민국 골목이 자영업자들의 무덤이 된 것은 과다경쟁 탓만은 아니다.

자영업자들이 빚을 지고 결국 폐업할 수밖에 없는 또 다른 원인은 바로 임대료다. 임대료는 자영업 몰락의 첫 번째 이유라고도 할 수 있다. 한국의 어마어마한 임대료는 세계 최대 커피 회사로 손꼽히는 스타

◆ 스타벅스 코리아 영업 이익률과 임차료

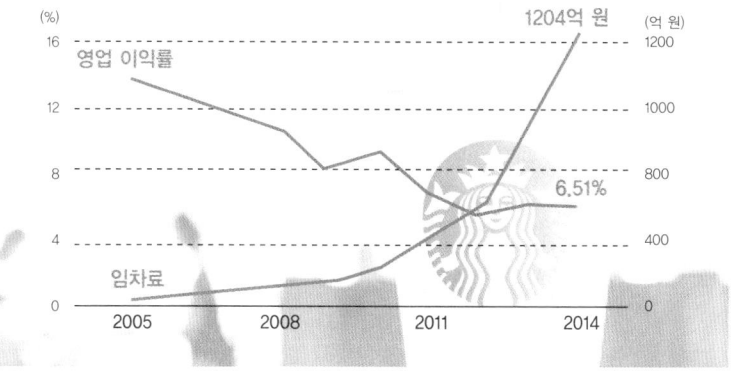

한국의 어마어마한 임대료는 세계 최대 커피 회사로 손꼽히는 스타벅스도 감당하기 힘든 수준이다.
(출처: 금융감독원)

벅스도 감당하기 힘든 수준이라고 한다.

우리나라 스타벅스 커피값은 전 세계에서 아주 비싼 축에 속한다. 2016년 소비자시민모임의 발표에 따르면, 조사대상 12개국 중 스타벅스 아메리카노 '톨' 사이즈 커피값으로 한국이 세계 2위를 차지했다. 스타벅스 코리아는 매년 최대 매출 기록을 경신하고 있기도 하다. 그런데도 스타벅스 코리아의 영업 이익률은 신통치 않다. 스타벅스가 지불하는 임대료가 매년 가파르게 늘고 있기 때문이다. 실제로 스타벅스 매장들이 폐점하는 데 임대료 인상이 원인인 경우가 가장 많다.

홍대 스타벅스는 세계에서 땅값이 가장 비싸다고 알려진 뉴욕 맨해튼 중심가의 스타벅스와 비슷한 수준으로 임대료가 비싸다. 스타벅스

뿐 아니라 그 일대의 상권 임대료도 뉴욕과 큰 차이가 없다. 두 상권 사이의 가장 큰 차이는 소비 수준이다. 소비 수준은 뉴욕에 비해 매우 낮은데 임대료만 하늘을 찌를 듯 높다.

상권이 형성되고 사람이 몰리기 시작하면 임대료는 하루가 다르게 치솟는다. 실제로 하루 사이에 두 배로 오르는 경우도 허다하다. 대체 한국의 임대료는 왜 이렇게 높을까? 가장 큰 이유는 임대료 인상에 대한 강력한 규제가 없기 때문이다.

상가건물임대차보호법이 있어서 임대료 인상이 9퍼센트로 제한되어 있고 5년 동안은 세입 기간을 보장하고 있지만, 임차인을 보호하기에는 턱없이 부족한 형편이다. 서울의 경우 환산보증금(보증금＋(월세 ×100))이 4억 원이 넘으면 어떤 제약도 없이 건물주의 뜻대로 임대료를 인상할 수 있다. 오죽하면 '조물주 위에 건물주', '갓물주'와 같은 말들이 생겨날 정도다.

반면 다른 나라들의 경우, 임대료를 높일 때 반드시 사회상황을 고려해야 하고 상한액에도 제한이 있다. 뉴욕에서는 임대료가이드라인위원회에서 임대료 상승률을 결정하고, 독일은 3년 내에 임대료를 30퍼센트 초과하여 인상하는 것이 불가능하다. 스페인에서는 소비자물가 상승률보다 임대료 인상률을 더 높게 책정하는 일이 아예 금지되어 있고, 영국은 임대차 기간을 최대 14년으로 인정하고 있다. 일본에는 임차인의 갱신청구권이 있고 이를 거절할 시 임대인이 퇴거료를 보상해 주어야 한다. 이처럼 임대료 인상에 대한 강력한 규제가 없는 한국과 달리 임대료에 대한 명확하고 엄격한 규제가 존재한다.

높은 임대료에 더해 한국의 자영업자들은 권리금이라는 또 하나의 폭탄도 감당해야 한다. 예를 들어 서울 홍대에는 상가마다 10억, 8억, 5억 등의 권리금이 매겨져 있다. 홍대 인근은 지난 10년간 권리금이 열 배로 뛰었다. 자영업자들은 매달 몇백만 원의 임대료에 더해, 수억 원에 달하는 권리금까지 감당해야 한다.

게다가 상가건물임대차보호법도 5년 동안만 임차인을 보호하기 때문에 한 곳에서 오랜 기간 장기적 안목으로 장사하는 것이 불가능한 경우가 많다. 합정동의 한 까페 주인의 말을 들어보자.

"저는 한 가게에서 3년 이상 안 해요. 열심히 해서 자리 잡아 돈 벌 만하면 임대차보호법 5년이 끝나잖아요. 그래서 3년 정도 했을 때 권리금이며 들어간 돈을 어떻게든 빼서 나와요. 특히 메인 상권 같은 경우에는 갑자기 주인이 바뀌고 건물이 없어지고 새로 짓고 하니까 불안해서 길게 못 해요. 그러니까 5년 되기 전에 조금이라도 괜찮고 싼 자리를 발품 팔아 다시 얻을 수밖에 없어요. 이대에서, 홍대로, 합정으로, 망원으로, 또 새로운 곳으로 자꾸 옮겨 다니는 거죠."

대한민국의 경제 뇌관, 자영업자의 빚

—

한국 자영업자들의 현실을 고스란히 대변하고 있는 한 사람의 이야기를 들어보자. 서울 강서구 염창동에 위치한 곱창 가게를 운영하는 30년 경력의 최 사장. 그의 가게는 손님들로 넘쳐났다. 자영업을 시작한 이래 그가 개업하고 폐업한 가게는 무려 열 개가 넘는다. 오랜 경력만큼 돈도 많이 벌었을까?

"지금껏 천당과 지옥을 수없이 왔다 갔다 했습니다. 30년 전 봉천동에서 보증금 1000만 원, 권리금 600만 원으로 가게를 처음 시작했어요. 가게가 잘돼서 다른 지역으로 평수를 넓혀갔고, 그러다 서울의 중심인 종로로 진입했지요. 거기서 작은 소주방을 했어요."

최 사장은 그때 생애 처음으로 2000만 원을 대출받았다. 이 시기 IMF의 난관을 겪기도 했지만 다시 곱창 가게를 시작하며 재기에 성공했다. 곱창 가게가 잘되자 2012년 드디어 대한민국 최고 상권인 홍대로 진출했다. 담보대출을 5억 원 받아 번듯한 건물에 곱창집을 2층으로 열었다. 장사는 아주 잘됐지만 이곳에서 그는 대부분의 자영업자들이 임차인으로서 겪는 아픔을 겪는다.

"인생 승부처라는 마음으로 평생 해왔던 음식 장사를 마음껏 펼쳐보려고 과감히 투자했는데, 1년 5개월 만에 건물이 팔렸어요. 새로 들어온 임대인이 본인이 직접 장사할 거니 가게를 비워달라고 하더군요. 세상이 원망스러웠지요."

결국 빚을 안은 채 홍대를 떠난 최 사장은 염창동에 다시 곱창 가게를 냈고, 현재 빚 5억 5000만 원을 갚기 위해 단 하루도 쉬지 않고 일하고 있다. 30년간 열심히 장사했지만 남은 것은 빚뿐이다.

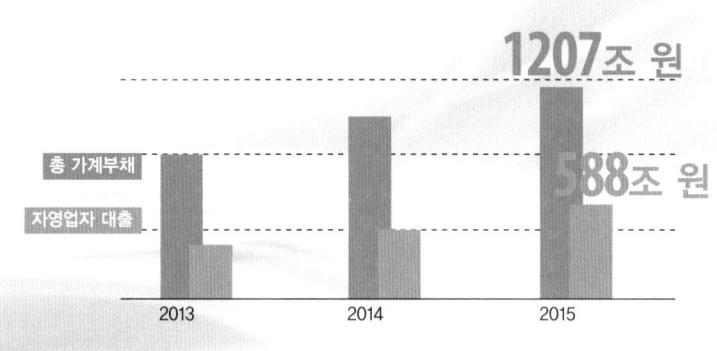

우리나라 총 가계부채는 해마다 증가하는 추세다. 이 가계부채에서 가장 많은 비중을 차지하는 것이 바로 자영업자의 대출이다. 총 가계부채에서 무려 절반을 차지한다. (출처: 한국은행, 나이스평가정보)

최 사장처럼 대부분의 자영업자들이 높은 임대료를 감당하기 위해 빚을 낸다. 자영업자들의 대출 누적액은 가파르게 증가하고 있는데, 이들의 부채는 한국 경제 전체의 불안 요인이 될 수 있다.

우리나라는 현재 세계에서 가계부채 위험이 가장 심각한 나라 중 하나다. 우리나라 총 가계부채는 해마다 증가하는 추세다. 이 가계부채에서 가장 많은 비중을 차지하는 것이 바로 자영업자의 대출이다. 총 가계부채에서 무려 절반을 차지한다.

더 큰 문제는 많은 자영업자가 대출금을 제때 갚지 못하고 있다는 것이다. 이런 추세가 계속된다면 앞으로 자영업자들이 대출을 갚을 가능성이 점점 낮아질 수밖에 없고, 자영업자들이 빚을 갚지 못하면 가계부채는 더욱 늘어나고, 가계 빚이 늘어나면 소비가 줄어들고, 줄어든 소비는 내수 시장을 위축시키고, 이는 결국 국가경제를 위기로 몰아넣을 것이다.

자영업자는 생산자인 동시에 소비자다. 가게에서 치킨을 생산하지만 나가서 밥도 사 먹고 이발도 하고 옷도 사 입는다. 그렇기에 자영업자들의 소득이 어느 정도 유지되어야 우리나라 경제 전체의 소비와 지출이 균형을 이룰 수 있다. 자영업자들이 부채에 허덕이고 소득이 낮아지면 결과적으로 경제 전체의 수요도 줄어들고, 자영업자의 부채는 곧 대한민국 경제의 뇌관이 될 수 있다.

대한민국 자영업자들의 발목을 잡는 것은 또 있다. 대기업의 골목상권 진출이다. 기업형 슈퍼마켓인 SSM(Super Supermarket)부터 시작해 카페, 피자, 떡볶이, 치킨 등 모든 분야에 걸쳐 대기업이 밀고 들어오면서 자영업자들을 위협하고 있다.

미국에서 가장 자영업하기 좋은 도시, 벌링턴

—

이처럼 우리나라 자영업, 골목 상권의 문제는 자영업으로 내몰릴 수밖에 없는 노동시장의 구조적 문제부터 허술한 임차인 보호장치, 과당경쟁, 준비되지 않은 자영업 진출, 대기업의 골목상권 잠식 등 매우 다층적이다. 그 결과 대한민국 자영업에 관한 모든 지표들은 매우 비관적이다.

상황이 좋지 않은 만큼 암울한 자영업 시장을 되살리기 위한 노력이 더욱 절실하다. 이제 그 방법을 궁리해볼 차례다.

미국의 벌링턴 시로 돌아가 보자. 글의 앞머리에 언급한 처치 스트리트의 대형 벽화에는 자영업자들과 함께 그려진 인물이 있다. 2016년 미국 민주당 대선 후보 경선에서 "위대한 미국은 소수가 아닌 국민 모두의 것"이라고 외치며 힐러리 클린턴과 박빙의 승부를 이끌어 전 세계의 이목을 끈 버니 샌더스다.

1981년, 버니 샌더스는 겨우 열 표 차이로 벌링턴 시장에 당선되었다. 이후 그는 평범한 보통 사람들, 즉 중산층과 빈곤층이 더 잘살 수 있는 도시를 만드는 일에 집중했다. 저소득층이 집 걱정을 안 하고 살 수 있는 임대주택 정책 등을 세워나갔다.

또한 소상공인을 지원해 자영업을 키우는 것이 곧 지역 경제를 살리는 일이라고 주장하며 소상공인이 활약할 수 있는 다양한 정책을 마련했다. '지역사회 및 경제발전 사업부'를 만들어 창업지원금, 기술적 지원, 사업 및 거래조합 조성, 여성을 위한 사업개발 프로그램 등으로 소기업의 발전을 도왔다.

시민과 소상공인을 생각하는 버니 샌더스의 정치 덕분에 벌링턴 시는 점점 살기 좋은 도시가 되어갔고, 그 결과 버니 샌더스는 이후 세 차례나 더 벌링턴 시장에 낭선될 수 있었다. 버니 샌더스가 다신 토대를 바탕으로 벌링턴 시는 그 이후에도 자영업자가 성공할 수 있는 환경을 만들고 그들을 적극 지원하는 정책을 꾸준히 펴오고 있다.

그 대표적인 예로, 벌링턴 시내에서는 월마트나 타깃 같은 대형마트를 찾아볼 수 없다. 소규모 가게는 아주 많지만 미국의 어느 도시에서든 쉽게 만나볼 수 있는 대형마트를 가려면 차를 타고 교외로 15분 이상 나가야만 한다.

그 대신 시민들이 이용하는 곳은 지역 내 협동조합인 '시티마켓'이다. 현재 벌링턴 시민의 4분의 1인 1만여 명이 시티마켓의 조합원으로 활동 중이다. 시티마켓은 270곳에 달하는 상품 공급자들이 지역 내에서 생산하는 물품들을 위주로 판매하고 있으며, 미국 내 3000개 협동조합 가운데 단일 매장 기준으로 가장 높은 연매출을 올리고 있다.

시티마켓은 1974년 몇십 명의 시민이 유기농 등의 지역 농산물을 집단 구매하는 소박한 형태로 시작되었는데, 2002년 역사적인 순간을 맞이한다. 대형 슈퍼마켓 체인점인 쇼즈(Shaw's)가 벌링턴에 들어올 예정이었지만, 시의회가 지역 경제에 대한 기여도를 고려해 쇼즈의 입점을 허가하는 대신 시티마켓을 더 확장하기로 결정한 것이다.

벌링턴 시 지역사회 및 경제발전 사업부 직원은 이렇게 말한다. "시티마켓은 수백 명의 농장주들, 식료품 가게 점주들과 거래하며 지역사회에서 생산하고 만든 제품을 판매하죠. 지역 농산물과 살사, 그래놀라, 빵, 맥주 등등 아주 많아요. 쇼즈와 같은 체인 슈퍼마켓은 할 수 없는 일이죠. 시티마켓은 지역 생산품을 더 많이 소비함으로써 지역사회에 더 많은 이익이 돌아가게 하는 시스템입니다."

처치 스트리트의 벽화에는 소상공인을 위한 정책을 펼쳤던 버니 샌더스 전 벌링턴 시장이 자영업자들과 함께 그려져 있다. 오른쪽은 벌링턴의 협동조합인 시티마켓.

벌링턴의 시티마켓에서 소비자가 제품을 구매하면 그 이윤이 지역 생산자에게 돌아가 더 좋은 제품을 만드는 데 쓰인다. 이렇게 지역사회 내에 돈이 돌고 도는 선순환 구조가 이뤄진다.

시티마켓만이 아니다. 시청의 경제부서 옆에는 벌링턴 골목에서 시작해 미국 전역으로 이름을 알린 스타 자영업자들의 포스터가 걸려 있다. 베이글부터 아이스크림 가게까지, 벌링턴 시의 자랑인 이들의 성공이 가능했던 것은 소상공인을 지원한 벌링턴 시의 경제 정책 덕분이다.

2010년 불황기에 다른 도시들이 10퍼센트대의 실업률을 보일 때, 벌링턴의 실업률은 그 절반인 5퍼센트대에 불과했다. 이는 대기업에만 의존하는 도시에 비해 안정된 사업업이 많은 도시가 경제 위기에도 적은 타격을 받을 수 있음을 보여주는 증거다. 대기업이 망하면 수많은 실업자를 필연적으로 만들지만, 다양한 소기업들이 탄탄하게 기반을 닦은 곳에서는 그럴 위험이 확연히 줄어든다.

처음에는 벌링턴의 골목 장사로 시작한 곳들이 어느덧 사회적 책임을 지는 기업으로 성장한 사례도 많다. 아이스크림 체인을 이룬 '벤앤제리'는 유전자 조작 식품을 사용하지 않고 환경오염을 줄이는 공정과 포장지를 사용하며, 유제품 생산 농장에 태양열과 풍력 발전, 바이오 연료를 이용하고, 매년 이익의 7.5퍼센트를 인종차별, 성차별, 빈곤, 환경오염 등의 문제를 해결하는 데 사용한다.

가치 기반의 라이프 스타일은 시티마켓을 통해서도 이루어진다. 시티마켓에서는 '변화를 위한 올림'이라는 프로그램을 진행하는데, 소비자가 구입한 물건값이 센트 단위로 끝날 때 달러 단위로 올림하겠다고 하면 그 차액을 모아 비영리단체에 기부하는 것이다. 예를 들어 9달러 50센트가 물건값인데 10달러를 내면 그 차액인 50센트를 기부하는 방식이다. 매달 약 1만 달러의 기부금이 만들어진다고 한다.

벌링턴의 자영업 성공사례는 소상공인을 지원하는 지역정치가 경제를 성장시키는 힘이 된다는 사실을 보여준다. 결국 가치를 어디에 두느냐의 문제다. 버니 샌더스는 자영업을 대안이 없는 상황에서 어쩔 수 없이 선택하는 것이 아니라, 지역경제를 살릴 수 있는 핵심이라고 생각했다. 자본에 잠식당하는 거리를 만드는 대신, 지역주민들이 돈의 선순환을 이루는 패러다임을 꿈꾼 것이다. 결국 자영업자가 성공할 수 있는 환경을 만들고 그들을 적극 지원함으로써 자영업을 살려냈다. 이것은 변화를 이뤄내겠다는 책임 있는 결단과 소신, 다시 말해 정치의 힘이었다.

개개의 상점이 아니라
거리를 팔기 위해 뭉치다

자영업을 살리기 위한 제도적인 뒷받침이나 정치의 힘만큼 중요한 것이 또 있다. 바로 자영업의 문제를 우리 모두의 것으로 바라보는 인식이다. 벌링턴의 마을 주민들은 한결같이 자영업자들의 가게를 응원하고 지지하고 있었다. 이들은 대형마트나 대기업 브랜드가 아닌 지역 상점을 이용하는 것이 주민으로서 다해야 할 책임이라고까지 이야기했다.

이러한 공동체 정신은 영국의 골목에서도 만나볼 수 있다. 최근 영국의 한 보고서에 따르면 영국의 소비자 대다수는 작은 가게를 이용하고 있고, 소비자의 70퍼센트 이상이 자영업자가 지역의 정체성을 살리는 역할을 한다고 생각한다. 그래서인지 영국에는 주목받는 골목 상권들이 속속 생겨나고 있다.

무엇보다 영국 정부도 골목상권을 살리기 위해 다방면으로 노력한다. 매년 하이 스트리트 어워스를 개최하는 것도 그 일환이다. 앞에서 살펴본 요크 시의 비숍 로드가 이 상을 받을 수 있었던 것은 상인과 소비자가 함께 뭉쳐 지역 경제를 살려냈기 때문이었다.

2008년만 하더라도 비쉬 로드의 상황은 매우 나빴다. 지역에 있던 초콜릿 공장이 문을 닫으면서 많은 사람들이 직업을 잃었고, 비쉬 로드에도 빈 가게들이 자꾸 생겨났다. 당시 사람들은 개인상점 대신 24시간 영업하는 대형마트를 선호했고, 이는 골목 상권에 큰 위협요인으로 작용했다. 죽어가던 거리가 조금씩 살아난 것은 비쉬 로드의 상인들이 뭉치면서부터다. 한 가게 주인의 말이다.

"개개인의 상점을 팔기보다는 이 거리를 팔아보자는 생각으로 사람들이 모였어요. 처음에는 30개의 상점으로 시작해 회의를 하고 이벤트를 열었죠. 일이 잘 풀리자 구성원이 늘어 현재는 85명의 구성원이 있습니다. 하나의 그룹으로 일한 것이 손님의 발걸음을 불러 모은 제일 큰 이유라고 생각해요. 말하자면 우리는 길거리에 늘어선 대형마트예요. 대신 큰 마트 하나가 아니라 필요한 모든 것이 늘어서 있는 훨씬 더 흥미로운 수십 개의 마켓이죠."

비쉬 로드에는 1년에 두세 번 이벤트가 열리고, 이곳 사람들이 종종 거리에서 함께 파티를 벌인다. 맨 처음 거리 파티를 열었을 때 상인들은 전단지를 만들어 이웃의 모든 우편함에 넣었고, 교통 통제를 위한 허가도 받았다. 오후 다섯 시, 길을 막은 지 몇 분 지나지 않아 거리는 수천 명의 사람으로 가득 찼다. 거리가 되살아나는 순간이었다.

사람들은 모르는 사람들만 가득한 쇼핑몰에 오직 물건을 사려고 가는 대신, 물건을 사면서도 이웃과 유대관계를 쌓을 수 있는 거리로 나오기 시작했다. 대형마트에서 받을 수 없는 작은 상점만의 상냥하고 세심한 서비스를 즐기기 시작했고, 빈 가게는 어느 순간 사라졌다. 이들은 골목 상권을 살리기 위해 공동체의 노력이 필요하다고 주장한다.

비쉬 로드의 한 자전거 가게 주인은 이렇게 말한다. "이상적인 관계를 형성하려면 가게들이 스스로 지역사회의 일부분임을 자각해야 합니다. 기업들은 그런 것에 관심이 없어요. 기업들은 들어가서 이익만 가지고 나오고 싶어 해요. 지역사업은 지역사회의 일부이고 여기 사람들이 공동체에 쓴 돈은 다시 공동체로 돌아옵니다."

660만 자영업 정글, 모두가 살아남는 방법은?

비쉬 로드의 사례는 우리나라의 자영업 현실에 시사하는 바가 매우 크다. 대형마트 선호 현상과 젠트리피케이션(gentrification) 현상이 벌어지는 우리나라의 골목은 비쉬 로드의 침체기와 매우 닮아 있기 때문이다. 젠트리피케이션은 임대료 인상으로 상권을 형성해놓은 사람들이나 원주민들이 내몰리는 현상을 말한다.

먼저 대형마트 선호 현상을 짚어보자. '몰세권'이라는 단어를 들어보았는가? 몰세권은 백화점, 대형마트, 아울렛 등 쇼핑몰과 가까운 거리에 있는 아파트 단지를 일컫는 말이다. 몰세권 아파트들은 인기가 좋아 집값 상승효과를 톡톡히 보고 있다. 그래서인지 지난 20대 국회의원 선거 공약 가운데서도 대형쇼핑몰이나 대형마트와 관련된 공약을 심심치 않게 발견할 수 있었다.

□□ 복합문화센터 조기 건립 / △△ 마트 에스컬레이터 설치

△△ 마트 신설 / ○○ 마트 지하차도 건설 / 스포츠센터 건립

△△ 쇼핑몰 건립 추진 / 쇼핑타운 건립 추진 / 종합쇼핑타운 개발

□□ 쇼핑센터 도로 확충 / 백화점 유치

1993년 국내 최초의 대형마트인 이마트 창동점이 개점한 이후 대형마트 시장은 빠르게 성장했다. 2015년 전국의 대형마트는 511개로 늘었다. 뭐든 바로 구입할 수 있고, 극장, 서점, 식당 등 한 번에 모든 것을 해결할 수 있는, 게다가 교통까지 편리한 대형마트나 쇼핑몰은 어느새 우리의 일상이 되었다.

하지만 편리함을 얻고 자본에 충성하는 대신 우리는 지역 경제가 망가지는 것을 두 눈 뜨고 지켜볼 수밖에 없었다. 그렇게 골목의 작은 가게들은 하나둘씩 사라져갔다.

또 이른바 젠트리피케이션 현상도 한국의 골목을 잠식했다. 신촌, 홍대, 합정, 경리단길, 연남동 등 특색 있는 거리들이 우리나라에도 많이 생겨났지만, 예술가들이 창작활동을 하고 개성 넘치는 소상공인들이 가게를 차려 멋진 거리가 형성되면 얼마 지나지 않아 임대료가 올랐고 임차인들이 쫓겨났다. 그 자리를 프랜차이즈들이 채웠다. 몰개성

화가 일어날 수밖에 없었다.

이는 마치 황금알을 낳는다고 거위 배를 가르는 것과 같다. 서울의 홍대 앞, 합정동도 예전에 비해 거리에 특색이 없어진 이유가 이것이다. 장기적으로 좋은 관광지가 될 수 있는 곳인데, 임대료 인상으로 지역 상권을 개성 있게 만들어놓은 상인들이 떠나면서 그 색깔이 없어진 것이다. 길게 보면 건물주도 손해를 보는 일이다. 과거 홍대 못지않게 엄청난 상권을 형성했던 서울 신촌 건물들의 공실률이 늘어나는 것을 보면, 젠트리피케이션은 모두가 지는 게임이라는 것을 알 수 있다.

이런 각박한 상황에서 공동체 의식을 기대하기란 쉽지 않다. 합정동에서 5년째 카페를 하고 있는 자영업자가 들려주는 현실은 팍팍하다.

"다니던 회사를 그만두고 카페를 시작한 건 사람 냄새 나는 일을 하고 싶어서였어요. 5년 전 시작할 때 단골들이랑 이야기하는 것도 좋았고, 주위 가게 이웃들과도 살갑게 지냈어요. 그런데 이제는 그렇지 못해요. 주위에 프랜차이즈가 너무 많이 생기기도 했고, 경쟁이 치열해 인사는커녕 조금이라도 법을 어기면 서로 신고하는 경우가 다반사예요. 술집, 노래방이 많이 생기면서 시끄러워져 기존에 있던 주민이나 회사는 많이 이사가버렸고요. 이제 더 이상 사람 냄새가 나지 않아요."

똘똘 뭉쳐 거리의 상권을 다시 살려낸 비쉬 로드와 대조되는 상황이다. 그러나 확실한 것은 지역에서 성장한 자영업이 많으면 많을수록 지역은 특색이 생기고, 개성 넘치는 거리와 상권이 형성되며, 그것이 곧 지역의 경쟁력이 된다는 점이다. 그 바탕에는 상인과 소비자가 지역공동체를 위해 함께 연대하고 뜻을 모으려는 노력이 있어야 한다.

1980년대 자영업은 무언가를 이뤄낸 사람들의 상징이었다. 그 시절 '사장님'이라는 호칭 속에는 커다란 자부심이 있었다. 하지만 '골목 사장님'으로 불리는 지금의 자영업자들은 아무리 열심히 일해도 수렁에 빠질 수밖에 없는 잔인한 현실에 처해 있다. 나날이 치열해지는 경쟁과 자영업자에 대한 허술한 보호장치 그리고 지역공동체 내 연대의 결핍. 이러한 상황이 계속된다면 수많은 사람들이 앞으로도 자영업이라는 블랙홀에 빠져들게 될 것이다.

이제 자영업자들의 문제는 더 이상 그들만의 이야기가 아니다. 국가 경제의 미래가 달린, 피할 수 없는 모두의 숙제다. 빠지면 죽는 개미지옥을 이제 그만 허물고, 협력할수록 탄탄해지는 새로운 개미 세상을 만들 때다.

자영업이 살려면 우리 모두 정치해야 한다?

조애진 PD

한국의 독특한 풍경 중 하나는 거리마다 가득한 상가와, 그 상가들의 전면을 빼곡하게 채운 간판들이다. 오세훈 전 서울시장은 무질서하게 들어선 간판이 도시 미관을 해친다며 간판의 글씨 크기를 통일하는 정책을 대대적으로 펼치기도 했다. 이 정책에는 여러 가지로 비판받을 점들이 있지만, 가장 핵심적인 문제는 현상의 원인을 적시한 해결책이 아니라는 것이다. 간판이 난립하는 근본 원인은 무엇인가? 왜 대한민국에는 간판의 글씨 크기를 조정해야 할 만큼 가게들이 넘쳐나는가? 〈명견만리〉 역시 이 물음에서 출발했다.

대한민국의 자영업 인구는 660만 명을 넘어섰다. 경제활동인구 네 명 중 한 명이 자영업자다. 우리는 이 통계를 일상에서 실감할 수 있다. 매일같이 새로 생겨나는 카페들, 배달앱을 한참 뒤적거려야 할 만큼 넘쳐나는 치킨집들, 차를 타고 지나가다 놓쳐도 아쉽지 않을 만큼 점점이 포진한 편의점까지. 서울시는 이렇게 주변에서 쉽게 찾아볼 수 있는 자영업 업종들을 '생활 밀접형 업종'으로 분류했다. 모두 43개 업종이다. 음식점·네일숍·부동산중개업소 등, 이렇게 몇 안 되는 시장을 두고 660만 명이 매일 사활을 걸고 있는 셈이다. 최근 주목받는 상권 중 하나인 합정역 거리에 가면 언제든 대여섯 곳 이상의 건물이 리모델링되는 풍경을 볼 수 있다. 경쟁이 심하니 자연히 이익률도, 생존 가능성도 떨어진다.

그런데 왜 이토록 많은 사람들이 예정된 결말을 알고도 자영업을 선택할까? 우리는 2016년 경기도 광주시청에서 열린 창업설명회를 찾아가 보았다. 이곳을 찾은 사람들에게 사업을 시작하게 된 계기를 물어보니, 세대를 막론하고 하나의 공통 원인을 찾을 수 있었다. 바로 기업의 고용에서 밀려나 '비자발적으로' 골목사장님의 길을 선택한다는 것이다. 다른 양질의 일자리가 있다면 자영업을 하지 않을 사람들이 많다는 것, 그런 이들이 모여들어 자영업 시장이 과포화 상태가 됐다는 것. 우리는 이것이 자영업 이슈의 핵심이라고 봤다.

따라서 자영업 문제는 고용 문제와 함께 풀어가야 한다. 사실 이날 창업설명회가 열린 강의실 밖 복도에서는 일자리 매칭 상담이 동시에 열렸다. 황당한 일이었다. 창업을 지원한다면서 다른 일자리를 찾아보는 건 어떠냐고 권하는 셈 아닌가. 현장에 나와 있던 공무원에게 왜 창업 강의실 바로 앞에서 이렇게 상담을 진행하느냐고 물었다. 담당자는 솔직하게 답했다. 결국 자영업자들의 수는 점진적으로 줄어야 하고,

정부는 이 문제를 이들에게 다른 일터를 제공함으로써 해결하려고 한다는 것이다. 실제로 18대 정부가 공식적으로 발표했던 자영업 문제의 해법 중 가장 큰 줄기 역시 '자영업자 퇴출'이었다. 그러나 퇴출 이후 정부에서 당장 제공할 수 있는 일자리는 공공근로나 저임금 임시직 정도다. 광주시의 예비창업자들은 일자리 매칭 부스에 잠시 머물렀다가, 창업자를 위한 대출상담코너로 발길을 돌렸다.

그동안 자영업 이슈는 주로 대기업의 골목시장 잠식, 세계 최고 수준의 상가임대료, 수년간 은퇴 크레바스(은퇴 crevasse : 은퇴자가 공적연금을 받을 때까지 소득 없이 지내는 기간)가 이어지도록 방치하는 빈약한 복지 등의 화두와 맞물려 이야기되어왔다. 600만 명이 넘는 자영업자들이 대부분 원치 않게 고용시장에서 탈락하고, 자본도 재능도 없이 골목이란 이름의 정글로 뛰어들게 되는 현상에는 그다지 주목하지 않아 왔다. 자영업 문제에서 기업의 책임은 치킨과 피자를 만들어 팔고, 소매유통점포를 기하급수적으로 늘린 데만 있지 않다. 이익률이 높을 때나 낮을 때나 고용보다는 사내유보금을 늘리는 데 골몰해왔던 기업들은 한국의 자영업 비율을 세계 4위로 끌어올리는 데 중요한 역할을 했다. 기업이, 우리 사회가 양질의 일자리를 더 많이 창출해내지 않으면, 자영업 과포화 문제는 해결되기 어렵다.

그러나 영업이익률이 사상 최대치를 기록하던 때에도 정규직 채용을 꺼려온 기업들을 두고 어떻게 변화를 만들어낼 것인가. 우리는 그 답을 미국 버몬트 주 벌링턴 시에서 찾았다. 이곳은 전체 비즈니스의 약 97퍼센트가 소상공업인 도시다. 수치만 놓고 보면 한국보다 훨씬 더 격심한 경쟁이 벌어지고 있을 것 같다. 하지만 우리가 이 도시의 중심 상권인 처치 스트리트에서 만난 상인들은 자신감 넘치는 태도로 즐겁게 일하고 있었다.

무엇보다 처치 스트리트에는 폐업하고 비어 있는 가게가 없었다. 이 도시의 인구가 소비할 수 있을 만큼의 가게들이 자리하고 있었으며, 글로벌 체인이 자영업자들의 가게를 무너뜨리지 않게끔 이 둘의 비율이 조화를 이루고 있었다.

처치 스트리트의 이 예외적으로 보이는 성공은 시 정부가 지역 전체의 성장을 위해 노력했기에 가능했다. 벌링턴 시는 대형마트가 지역경제에 어떤 영향을 미칠지를 심사숙고하고, 주민들과의 숙의 과정을 거쳐 건립을 결정했다. 대형마트 대신 들어선 '시티마켓'은 지역의 농부들에게 판로를 열어주고 인구 4만의 도시에서 지역민 수백 명을 고용하는 등, 지역 경제가 선순환하도록 핵심 구실을 했다. 이처럼 벌링턴 시는 자영업자들, 지역민들이 함께 성장할 수 있는 방향으로 경제정책들을 입안하고 조율해왔다.

지금도 시는 소상공인협회의 대표가 시의회에 참석하게 하고 있으며, 경제부서의 공무원은 거의 매일 처치 스트리트에 나와 상인들과 대화하며 시 정책의 방향을 미세하게 조정해 나간다. 벌링턴 시는 소상공인들이 대기업과의 경쟁으로 허덕이는 게 아니라, 이들이 대기업으로 크게끔 돕는다. 지역민들의 삶이 골고루 나아지는 것이 진정한 경제성장이라는 철학 아래 펼친 정치가 이런 차이를 만들었다.

자영업 문제는 복잡다단하다. 한 방향에서만 접근해서는 해결되지 않는다. 기업은 고용을 늘려야 하고, 국가는 은퇴 후 일자리와 복지를 다시 계획해야 한다. 세계 1위 상권 뉴욕에 버금가는 임대료도 법으로 제한해야 하며, 대기업들의 골목시장 진출 역시 지역경제에 미치는 영향을 객관적으로 평가해가며 진행해야 한다. 그러나 우리는 방송에서 이 모든 해법을 열거하는 대신, 수많은 자영업자들이 도산의 원인으로 꼽는 임대료 문제와 함께, 정치의 적극적 역할을 근본적 해답으로 내세웠다. 불공정한 경쟁의 장을 내버려두지 않고, 기업이 더 많은 일자리를 창출하게 하며, 폭증하는 임대료를 규제하는 것은 모두 정치의 역할이기 때문이다. 그러니 우리 모두 정치하자(?). 우리 골목의 규칙을 세우는 의사결정 과정을 제대로 지켜보자. 그렇게 된다면 660만 골목 사장님들의 생존은 프랜차이즈 본사의 양심이나 대기업의 사회적 책임경영에 좌우되는 것이 아닌, 우리가 선택하고 꾸려갈 정치의 내용에 따라 달라질 것이다.

明見萬里

6장

정답사회의 한계,
덕후들이 바꾼다

—

정해진 일자리가 아닌
새로운 일자리를 만드는, 전혀 다른 선택

明
見
萬
里

수학은 못하지만 복잡한 컴퓨터 게임은 잘 만든다.

종이비행기만 2만 번 접다 이색 스포츠 회사를 차린다.

헬리콥터를 너무 좋아하다 드론을 만든다.

정해진 일자리를 위해 정답대로 살던 시대가

우리를 배신하고 있는 지금,

정답대로 살지 않는 이들이 개척하는 자기만의 길을 보라.

정답사회의 한계,
덕후들이 바꾼다

> 정해진 일자리가 아닌 새로운 일자리를 만드는, 전혀 다른 선택

좋아하는 것으로 밥벌이하기

—

경북 상주시 산골 마을, 가난한 살림살이에 초등학교 6학년 때부터 공장에 나가 일해야 했던 한 소년이 있었다. 변변한 장난감이 있을 리 만무했기에 공책을 찢어 종이비행기를 날리며 놀았다. 그러던 어느 날, 텔레비전에 나온 한 사람이 소년을 사로잡았다. 종이비행기 오래 날리기 기네스 기록 보유자 켄 블랙번. 그날로 소년에게는 꿈이 생겼다. '나도 종이비행기로 세계 최고가 되어야지!'

그때부터 소년은 종이비행기를 매일 접어 날리기 시작했다. 그의 비행기는 3초도 안 돼 바닥으로 곤두박질치기 일쑤였다. 더 잘 접고 잘

날리기 위해 소년은 유체 역학, 항공기의 비행 원리 등 각종 과학 지식을 홀로 공부했다. 대학 때는 아르바이트를 마친 뒤 밤 11시부터 새벽까지 도서관에서 살았다. 방에는 종이비행기에 대한 자료가 한가득 쌓여갔고, 그는 종이만 들어보아도 무게를 알 수 있는 경지에까지 올랐다. 그렇게 꿈을 놓지 않고 2만 개가 넘는 종이비행기를 접으며 15년의 세월이 흘렀다. 물론 현실을 모르는 괴짜라거나 한심하다는 주변의 시선을 견디면서 말이다.

이는 2015년 23초 동안 종이비행기를 날려 종이비행기 오래 날리기 부문 국가대표 선수가 된 이정욱 씨의 이야기다. 이정욱 씨는 80여 개국 종이비행기 선수들이 참가하는 세계대회에 한국 대표로 나갔고, 대회 심사위원으로 참가한 자신의 영웅, 켄 블랙번과 드디어 마주 설 수 있었다. 2016년에는 1분 동안 수박에 종이비행기 열두 개를 꽂아 세계 기네스북에 등재되기도 했다.

이정욱 씨는 세계대회 출전 후 새로운 도전을 시작했다. 종이비행기 국가대표 동료 선수들과 함께 이색 스포츠 컨설팅 회사를 차린 것이다. 종이비행기가 하나의 놀이가 아닌 이색 스포츠로 발전할 수 있다는 아이디어로 사업을 시작했는데, 현재 그의 수입은 월평균 1000만 원 이상이다. 과학에 젬병이었던 그가 이제는 전국 과학고등학교 수십 곳에서 항공 이론을 가르친다.

"저는 종이비행기를 보고민 있어도 기분이 좋아져요. 이 행복을 놓치기 싫었기 때문에, 좋아하는 걸 하면서 밥 먹고 살겠다는 생각으로 버텼어요. 15년 이상을 노력해 이제야 저에게 기회가 온 거예요."

흔히 진로 선택을 앞두고 '하고 싶은 일'과 '해야만 하는 일' 가운데 어느 것을 선택할지 자문한다. 대개는 '하고 싶은 일'을 내려놓는다. 이정욱 씨처럼 결과가 좋으리라는 보장도 없고, 내가 잘할 수 있는 일이 경쟁력이 있는지도 확신이 서지 않기 때문이다. 결국 실패를 걱정하는 대부분의 사람들은 정해진 길로 걸어간다. 그런데 이정욱 씨처럼 자신의 꿈을 좇아 사는 사람들이 이 세상에 적지 않다.

메이커(Maker)는 꿈을 현실로 만든다

2016년 10월 미국 최대의 도시 뉴욕, 반짝이는 아이디어를 한 곳에서 만날 수 있는 특별한 축제가 열렸다. 세상에 없던 신기한 물건들을 만나볼 수 있는 '월드 메이커 페어(World Maker Fair)'다. 메이커 페어는 말 그대로 만드는 사람들의 축제다. 매년 독특한 아이디어 작품이 소개되는 이 행사는 전 세계 메이커 페어 중 규모가 가장 크다.

'기술'과 '만드는 것'에 대한 열정만 있다면 직업이나 나이와 상관없이 누구나 참가할 수 있는 이 행사에는 950명의 메이커가 참가했고, 관람객 수도 9만 명에 달했다.

메이커 페어 규모도 계속 커지고 있다. 지난 2006년 2만 2000명에 불과했던 메이커 페어 참가자 수는 2015년 100만 명 이상으로 늘어났

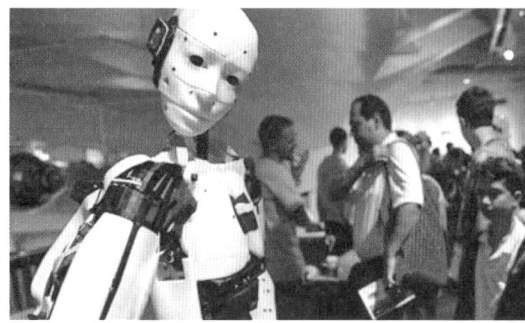

월드 메이커 페어는 말 그대로 만드는 사람들의 축제다. 직업과 나이에 상관없이 창조를 즐기는 많은 사람들이 참가한다.

다. 10년 새 50배 이상 증가한 것이다. 메이커 페어 창립자인 데일 도허티 씨는 이렇게 말한다.

"참가자가 늘어나는 건 사람들이 창조하는 일을 즐긴다는 증거입니다. 기술은 예전에 비해 아주 저렴하고 다양하고 접근하기 쉬워졌죠. 그러니까 아이디어만 있으면 누구라도 메이커가 될 수 있어요. 취미로 시작해 메이커 페어에 참가했다가 관람객들의 큰 호응을 얻어 사업으로까지 확장하는 경우도 꽤 많아요."

세계 각국에서 온 참가자들 사이에는 한국에서 온 '동틀무렵' 팀도 있다. 이들은 직장 생활 틈틈이 만든 악기를 들고 참가했다. 대학에서 컴퓨터공학을 전공하고 한 명은 대기업에서, 또 한 명은 스타트업에서 엔지니어로 일하면서, 바쁜 시간을 쪼개어 컴퓨터 프로그래밍과 자신들이 좋아하는 음악을 접목시켜 세상 어디에도 없는 악기를 탄생시켰다. 피아노와 기타를 결합해서 만든, 팔에 붙이는 건반처럼 생긴 전자 기타 '암잼'이 그것이다.

평범한 직장인 두 사람이 이 자리에 올 수 있었던 것은 오직 좋아하는 것에 몰두한 시간의 힘이 있었기 때문이다. 이들은 앞으로 이 악기의 성능을 더 향상시켜 판매할 계획을 세우고 있다.

"저희는 음악, 특히 디지털 악기를 좋아해서 푹 빠져 살았어요. 무엇인가에 빠져서 시간을 보내다 보면 20년, 30년도 즐겁게 흘러가죠. 그렇게 한 분야에 오래 공을 들이면 큰 자산이 만들어질 수밖에 없어요. 무엇보다 스스로 목표를 만들고 성취해 나가는 과정 자체가 주는 해방감이 커서 좋아요."

매년 메이커 페어에는 발칙한 상상력이 쏟아진다. 2015년 메이커 페어에서 사람들의 시선을 한 몸에 받은 청년들이 있다. 세 명의 엔지니어로 구성된 '메가보츠'라는 팀이다. 이들은 로봇이 나오는 만화책, 비디오게임, 영화를 섭렵하더니 급기야 직접 로봇을 만들었다. 이들이 개발한 로봇은 무게 12톤, 키 4미터에 430마력의 힘을 지니고 있고, 두 명의 사람이 탑승해 직접 조종하며, 페인트로 만든 유사폭탄을 시속 160킬로미터의 속도로 발사할 수 있다.

더 재미있는 일은, 이들이 일본의 로봇회사 스이도바시 중공이 만든 전투형 로봇에 대결을 신청했다는 것이다. 이 제안이 받아들여져, 2017년 8월 전투형 대형 로봇들의 격투 대결이 펼쳐진다. 태권브이와 마징가제트의 실사판 싸움과도 같은 이 대결에 전 세계의 이목이

2015년 메이커 페어에서 사람들의 관심을 한 몸에 받은 '메가보츠'. 이들이 개발한 로봇은 페인트로 만든 유사폭탄을 시속 160킬로미터의 속도로 발사할 수 있다.

집중되면서 엄청난 투자가 이어졌다. 엉뚱한 로봇 전문가의 제안으로 성사된 이 대결로 새로운 스포츠가 탄생할 것이라는 얘기도 나온다.

이처럼 누군가의 기발한 아이디어에 주목하고 아낌없는 투자를 하는 크라우드 펀딩이 최근 새로운 투자 형태로 떠오르고 있다. 크라우드 펀딩은 프로젝트를 인터넷에 공개하고 익명의 사람들에게 투자를 받는 방식이다. 모르는 사람의 아이디어만 보고 투자하는 위험한 짓을 누가 하겠는가 생각할지 모르겠지만, 전 세계 크라우드 펀딩은 2013년 7조 원에서 단 2년 만에 40조 원 규모로 무려 다섯 배 이상 증가했다. 자신이 좋아하는 일에 빠져 무언가를 이루어내고, 그 꿈이 든든한 지원을 받고, 그래서 더 큰 꿈을 꾸고 끊임없이 도전하며 살아가기. 우리나라 대다수 청년들에게는 그저 꿈만 같은, 그야말로 부러운 이야기일지 모르겠다.

고등학생도 공무원을 꿈꾸는 나라

—

이제 암울한 우리의 현실로 잠시 돌아와보자. 누구보다 치열하게 사는 우리나라 청년들의 삶 속으로 말이다. 현재 우리나라 청년들이 가장 되고 싶어 하는 직업은 공무원이다. 대학생, 취업준비생, 심지어 직장인까지도 공무원이 되려고 한다. 공무원 시험(공시)을 준비하는 사람은 40만 명에 달하고, 취업준비생 열 명 가운데 네 명은 공시족이다.

심지어 공시를 준비하는 고등학생, 이른바 공딩족도 생겨났다. 2016년 4월 실시된 9급 공무원 공채 시험에는 18, 19세 응시자가 3000명이 넘었다. 2년 전인 2014년과 비교하면 무려 50퍼센트가 증가한 숫자다. 한 공딩족은 취업을 못해 1년간 대학 졸업을 미루고 반 백수로 지내는 오빠를 보면서 공시밖에는 길이 없다고 생각했단다.

공시 학원이 몰려 있는 노량진에는 새벽마다 진풍경이 펼쳐진다. 수천 명이 몰리는 강의실에서 좋은 자리를 맡기 위해 학원 문이 열리기 몇 시간 전부터 줄 서기가 시작되는 것이다. 9급 경찰공무원 시험을 준비하며 매일 새벽 세 시에 줄을 서러 나온다는 A씨는 점심시간에 혼자서 밥을 먹는다.

"일부러 친구를 안 사귀었어요. 같이 다니다 보면 시간도 많이 뺏기고, 아무래도 먹다가 한두 마디 하다 보면 시간이 늦어지거든요. 얼른 먹고 들어가야 되니까 여유가 없어요."

여자의 경우 9급 경찰공무원 경쟁률이 2016년 99대 1을 기록했다.

경쟁이 치열한 만큼 쉴 틈 없이 공부만 해야 한다. 한 평짜리 고시원에서 서너 시간 자고 하루 평균 열두 시간 이상 공부하면서도, 시간을 아끼려고 친구도 사귀지 않고 혼자 밥을 먹는 것이다.

현재 노량진 고시촌에는 A씨 같은 공시생이 5만 명에 달한다. 2016년 4월 치러진 공시에는 4000명을 뽑는데 무려 22만 명이 넘게 지원했다. 시험에 떨어진 나머지 21만 6000명은 또 다시 쳇바퀴 같은 생활로 돌아가야 한다. 그런데 왜 청년들은 언제 합격할 것이라는 보장도 없는 이 치열한 경쟁에 청춘을 걸고 매달리는 걸까?

"시험만 합격하면 누구나 공무원이 될 수 있으니까요. 어찌 보면 공평하게 열려 있는 기회라고 생각해요."

"정년보장, 복지, 연금 등 안정적인 미래 때문에 포기할 수 없어요. 지금 당장 좋은 직업은 아니지만요."

젊은 청년들이 기약 없는 레이스에 매달리는 이유는 우리나라의 열악한 노동현실 탓이다. 2015년 한국의 청년 고용률은 42퍼센트에 불과했다. OECD 평균보다 무려 9퍼센트포인트 낮은 수치다. 게다가 2015년 취업에 성공한 이들 가운데 약 3분의 2가 비정규직이다. 양질의 일자리가 점점 사라지고 있는 것이다.

그렇다 보니 청년들은 취업 전쟁에서 이기기 위해 스펙 쌓기에 온 힘을 쏟는다. 과거 취업 호황기에는 학벌, 학점, 토익의 3종 스펙만 있어도 취업이 그리 어렵지 않았지만, 요즘은 어학연수와 자격증은 기본에 사회봉사활동과 심지어는 성형수술까지 9종 스펙을 쌓아도 정규

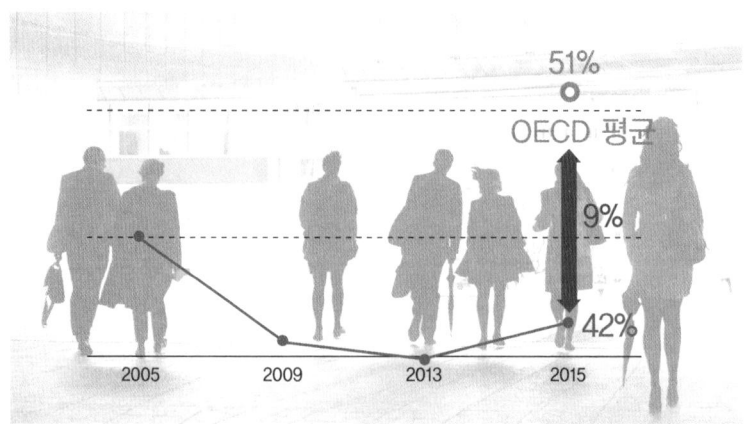

2015년 한국의 청년 고용률은 42퍼센트에 불과했다. OECD 평균보다 무려 9퍼센트포인트 낮은 수치다.
(출처: 통계청)

직 채용이 되지 않는다.

스펙을 쌓는 데 청년 1인당 평균 4200만 원 이상을 쓴다는 조사도 있다. 그러나 2016년 취업포털 사람인이 기업 인사담당자들을 대상으로 조사한 결과, 응답자 중 약 92퍼센트가 불필요한 스펙 때문에 지원자를 탈락시킨 경험이 있다고 대답했다. 일자리는 구하지 못하고 인턴만 반복하는 청년들을 일컫는 '호모 인턴스'만 늘어가고 있다.

하지만 공시에는 이런 스펙이 필요 없다. 정해진 과목을 열심히 공부해서 합격 등수 안에만 들면 된다. 지방대를 다녔건 학점이 나쁘건 시험에만 붙으면 공무원이 될 수 있고 정년까지 안정적으로 일할 수 있으며, 퇴직 후에는 죽을 때까지 연금을 받으니 노후까지 보장된다.

그러니 공무원은 우리나라 청년들이 선택할 수 있는 가장 합리적인 답인 것이다.

월스트리트에서 4200퍼센트의 경이로운 수익률을 올린 글로벌 투자자 짐 로저스는 한국의 공무원 열풍에 대해 "대단히 충격적인 현상이며 활력을 잃고 몰락하는 사회의 전형"이라고 경고했다. 통일한국에 전 재산을 투자하겠다고 선언했을 만큼 우리나라에 애정과 관심이 많은 그가, 청년들을 '공시'에 열 올리게 하는 한국의 현실에 큰 우려를 표한 것이다.

실제로 국내 빅데이터 분석그룹 다음소프트에서 2014년부터 2016년까지 2년 동안 청년과 연관된 빅데이터 단어를 분석한 결과, '공무원'과 '대기업'은 언급량이 늘어나고 있는 반면, '꿈'과 '인생'이라는 단어는 계속 줄어들고 있었다. 지금 청년들은 공무원과 대기업이라는 두 가지 답만 찾으면서 꿈도 인생도 포기하고 있는 것은 아닐까?

취직하자마자 퇴직을 꿈꾸다

그렇다면 엄청난 경쟁률을 뚫고 공무원이 된 청년들, 9종 스펙을 쌓아 이름만 대면 아는 대기업에 들어간 젊은이들은 현재 상황에 만족하고 있을까? 신입사원의 27퍼센트가 입사한 지 1년을 채우지 못하고 퇴사한다는 충격적인 데이터가 그에 대한 답이 될 수 있을 것이다. 모

◆ 청년 연관어 빅데이터

2014년		2015년		2016년	
연관어	언급량	연관어	언급량	연관어	언급량
능력	2080	경제	2193	경제	1559
꿈	1918	학교	2177	학생	1507
생활	1869	고용	2171	학교	1491
프로그램	1863	삶	2139	대상	1467
대상	1685	꿈	1939	고용	1425
훈련	1669	대상	1939	시간	1391
고용	1667	프로그램	1932	기회	1372
돈	1650	사업	1922	이유	1347
정보	1647	돈	1847	꿈	1338
인생	1523	정보	1722	미래	1194
미래	1281	인생	1405	실업	1027
마음	1137	목표	1220	인생	938
제도	1048	여성	1168	분야	861
운영	1021	대기업	1125	창업	849
개인	910	직업교육	1002	대기업	757
교수	895	교수	1001	공무원	745
필요	894	청년실업	988	졸업	735
고등학교	787	공무원	894	점	651
대기업	773	구직	852	가치	630
근로자	708	고민	782	평가	573
학력	706	방법	782	개인	564
도움	702	변화	779	작가	557
정책	701	가지다	778	고민	557
공무원	698	역할	770	고등학교	545

(출처: 다음소프트)

두가 부러워하는 공무원, 대기업 사원이 된 그들이 보장된 미래를 포기하고 퇴사를 말하는 속사정은 무엇일까? 퇴사를 준비 중이거나 이미 퇴사한 청년들의 이야기를 들어보자.

"몇 개월 동안 밤낮으로 열심히 준비한 프로젝트가 윗사람 한마디에 엎어지더라고요. 나이나 직급으로 갑을 관계, 상하 관계가 정해지니 진정한 소통은 기대하기 힘들어요."

"제일 큰 문제는 시간에 대한 폭력이에요. 성과물이 아니라 얼마나 오래 야근했는지로 사원을 평가하죠."

"대학교까지 20년 동안 쌓아온 스펙들은 회사에 고용될 때 말고는 아무 쓸모가 없었어요. 그것을 깨닫는 순간 하루라도 빨리 나가서 자생력을 길러야 되겠다는 생각이 들었어요."

"합격 소식을 들었을 때는 세상을 다 얻은 것 같았는데, 어느 순간 남들이 부러워하는 직장에 다니는 게 무슨 소용이 있나 싶더라고요. 지금 회사 선배들이 내 10년, 20년 후 모습일 텐데 그렇게 되고 싶지 않았어요."

취업포털 잡코리아와 커리어가 2016년 실시한 설문조사에 따르면, 근무 중 퇴사 충동을 느껴본 적이 있다는 직장인이 94.5퍼센트나 되었다. 퇴사 충동의 이유로는 억압적인 기업 문화(71퍼센트), 상사의 폭력적인 언행(62.2퍼센트), 잦은 회식(61.4퍼센트) 등이 꼽혔다. 우리나라 직장인의 43퍼센트가 일주일에 3일 이상 야근하고 있으며, 회사에서 자신이 돈 버는 기계처럼 느껴진다거나(53퍼센트), 오피스 우울증을 겪었다(75퍼센트)는 사람도 많았다.

입사 때 회사에 뼈라도 묻겠다는 각오를 밝혔던 청년들이 평균 3개월만 지나고 나면 퇴사를 고민하는 것은, 이렇듯 치열한 경쟁을 뚫고 들어간 회사가 자신의 기대와 너무 다르기 때문이다.

2015년 대한상공회의소와 기업컨설팅회사 맥킨지가 한국의 100개 기업을 대상으로 측정해 발표한 기업의 조직 건강도는 청년들의 퇴사 고민이 타당한 것임을 증명한다. 한국 기업의 리더십, 업무시스템, 혁신 분위기 등을 조사해서 글로벌 기업 1800곳과 비교한 결과, 52개 기업이 최하 판정을, 25개 기업이 중하 판정을 받았다. 선진적 기업 문화를 가진 것으로 인정받은 회사는 단 열 곳뿐이었다. 중견 기업은 무려 91.3퍼센트가 '후진적 기업문화'를 갖고 있다는 평가를 받았다. 비효율적이고 반복적인 회의, 상명하복식의 상하관계, 습관화된 야근 등이 기업의 성장을 가로막는 원인이라는 진단이었다.

지금껏 우리 사회는 청년에게 정해진 정답을 따라 살아가도록 다그쳐왔다. 열심히 공부해서 좋은 대학에 가고 스펙을 열심히 쌓아 좋은 직장에 취직하는 삶, 과연 옳을까?

2016년 유엔지속가능위원회에서 '진로나 인생의 방향을 얼마나 자유롭게 선택하는가'를 조사한 결과, 한국은 158개국 중 122위를 기록했다. 학교나 학과, 직업 같은 인생의 방향을 결정할 때조차 자신의 뜻대로 하지 못하는 우리나라의 상황을 그대로 보여주는 결과다.

시인이 되고 싶었던 청년도, 수학자가 되고 싶었던 청년도 결국에는

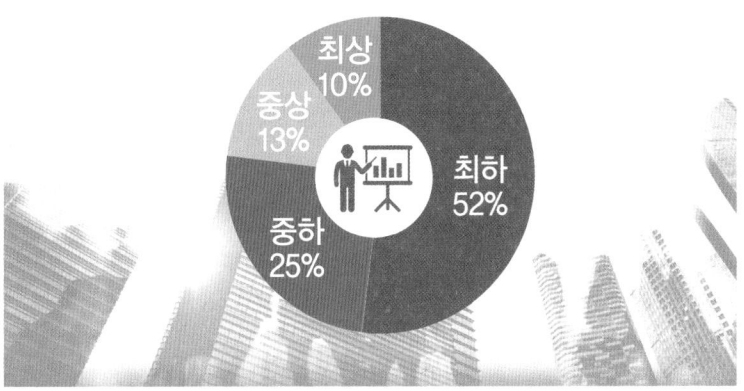

한국의 100개 기업을 대상으로 조직건강도를 조사한 결과, 무려 절반이 넘는 52퍼센트가 최하 판정을 받았다. (출처: 대한상공회의소. 맥킨지, 2015)

생존을 위해 사회가 정해준 답을 선택하는 것이 우리의 현실이다. 자신의 의지 대신 사회의 정답과 기준에 맞춰 인생의 방향을 결정하다 보니 대기업 직원이 돼도, 공무원이 돼도 행복할 리 없다.

잡노마드, 한국을 떠나다

우리 사회가 생존 때문에 꿈을 포기하는 청년의 현실을 묵인하는 동안, 사회가 정답이라고 말한 길에 의문을 품은 청년들이 조금씩 나른 선택을 하기 시작했다.

그 첫 번째는 해외로 눈을 돌리는 청년들이다. 독일의 미래학자 군돌라 엥리슈는 일찍이 직업을 따라 유랑하는 '잡노마드(Job Nomad)', 즉 일자리 유목민 시대를 예견한 바 있다. 해외취업박람회는 매년 참가자 수가 급격히 늘고 있다. 끝도 없는 경쟁을 펼쳐야 하는 한국을 떠나 해외에서 새로운 길을 찾기 위해서다.

물론 해외 취업이라고 해서 좋은 점만 있는 것은 아니다. 가족도 친구도 없는 낯선 환경에서 혼자 생활해야 하고 익숙지 않은 언어와 문화에 적응해야 하지만, 국경을 넘어서 취업하겠다는 청년이 점점 늘어나는 데에는 분명한 이유가 있다. 해외취업박람회에서 만난 취업준비생들의 이야기를 들어보자.

"한국 내에서 기업을 다니다가 용접을 배워서 캐나다로 간 사람들 얘기를 들어보면 급여가 줄고 해외에 나가 사는 게 힘들지라도, 자기만의 시간을 갖고 나머지 시간을 자신에게 투자할 수 있다는 게 굉장히 큰 이점으로 보였어요."

"해외 취업을 할 때 서류에서 스펙으로 가르거나 점수가 안 된다고 탈락하는 일은 없는 것 같아요. 면접에서도 지금까지 무엇을 중점적으로 열심히 해왔는지에 대해서 물어보고, 제가 어떤 사람인지에 대해 질문을 많이 해줬어요."

해외 취업을 선호하는 가장 큰 이유는 한국에 비해 수평적인 조직 문화와 복지수준 때문이었다. 최소한 해병대 캠프를 가는 식의 워크숍, 회사 대표가 좋아한다는 이유로 실시되는 주말 단체 등산, 퇴근

하지 않는 중간관리자들의 눈치를 보느라 야근 아닌 야근을 하는 일은 없다는 것이다. 또한 적어도 스펙만 가지고 서류전형에서 탈락하지 않을 것이라는 점 때문이었다. 학벌과 영어점수 등 스펙을 떠나 자신의 순수한 실력으로 승부할 수 있다는 점에 청년들은 매력을 느끼고 있었다.

한국에서 대학을 졸업한 뒤 취업을 고민하다 일본의 한 IT기업에 취직한 권혁재 씨는 회사 생활에 아주 만족하고 있다고 했다.

"우리나라의 경우 취업하는 것도 힘들지만 취업 후 바로 현장에 투입할 수 있는 인재를 원하는 것 같아요. 반면에 일본에서는 회사와 같이 성장할 수 있는 사람을 원하더라고요. 그 덕분에 회사 생활에 잘 적응하고 있어요. 수평적이고 자유로운 회사 분위기도 마음에 들고, 월세나 부동산 중개수수료와 같은 초기 정착 비용을 지원해주는 등 복지제도도 좋아요."

우리 사회가 변화하지 않으니, 청년들이 먼저 노력한 만큼 보상받고 성장할 수 있는 곳을 선택하기 시작한 것이다.

제3섹터에서 길을 찾다

—

더 공정한 기회를 찾아 떠나고, 기존의 남이 아닌 자신만의 답을 찾아 과감히 도전하는 청년들의 움직임은 해외가 아닌 국내에서도 볼 수 있다. 바로 사회적 기업이나 협동조합 등 '사회적 경제 영역'에서 가치 있는 일을 하겠다고 나선 청년들이다. 이들은 대기업도 공무원도 아닌, 전혀 다른 가치와 기준으로 직업을 선택했다. 사회적 기업은 수익이 아닌 가치 창출을 목적으로 한다. 공동체의 이익을 위하고 소외계층을 돕는 등 사회적 가치를 위해 활동한다.

사회적 경제 영역을 선택한 청년들은 돈을 많이 받더라도 부품처럼 일해야 하는 회사보다는, 보람 있는 일을 할 수 있는 곳에서 진짜 자신을 위한 삶을 살겠다고 결심한 이들이다.

사회적 경제 영역은 아직 성장하는 단계라 환경이 열악한 곳이 많다. 하지만 이 영역의 미래는 결코 어둡지 않다.《노동의 종말》을 쓴 제러미 리프킨은 앞으로 유일하게 일자리가 증가할 분야로 사회적 경제 영역을 꼽았다.

"비영리 분야, 즉 사회적 경제 영역은 세계적으로 가장 빠르게 성장하는 고용 분야입니다. 사회적 경제 영역에서는 사람과 사람이 서로 소통하면서 사회적 자본을 생산하지요. 시장의 제품이나 서비스, 로봇은 결코 할 수 없는 일이에요. 지금과 같은 저성장 시대에는 기업이 제공하는 일자리에 한계가 있지만, 사회적 경제 영역은 그렇지 않아요. 실제로 유럽, 미국의 경우 사회적 경제 영역은 가장 투자가 활발히 이뤄지고 있는 곳이고, 고용도 크게 늘었습니다. 좋은 가치를 위해 사는 것, 하고 싶은 일을 하는 것은 사실 모든 청년이 바라는 미래일 겁니다."

세상을 바꾸는 덕후의 힘

—

정답사회에서 벗어나 자신만의 답을 찾는 또 하나의 길은 '덕후'가 되는 것이다. 앞에서 살펴본 종이비행기 국가대표 이정욱 씨는 스스로를 종이비행기 덕후라고 불렀다. 덕후는 일본의 '오타쿠'라는 단어에서 비롯된 말이다. 오타쿠를 한국식으로 발음하면서 '오덕후'가 되었고 이것을 더 줄여 덕후라는 말이 만들어졌다.

하지만 오타쿠와 덕후는 그 의미가 사뭇 다르다. 일본의 오타쿠란 사람들과의 교류는 뒤로하고 자신이 좋아하는 만화 캐릭터나 게임에 푹 빠져 사는 사람들을 지칭하는 데 반해, 덕후는 어떤 한 분야에 몰두한 사람을 일컫는다.

덕후는 자기가 좋아하는 것을 집요하게 파고든다. 자신의 분야에서만큼은 전문가 못지않은 경지에 오르고, 집념과 전문성을 바탕으로 놀라운 성과를 이뤄내기도 한다. 전기자동차 시장의 대표주자 일론 머스크, 세계 드론 시장의 70퍼센트를 장악하고 있는 프랭크 왕, 세계 최고의 SNS를 탄생시킨 마크 저커버그는 덕후계의 슈퍼스타라고 할 만하다. 이들은 어떤 '덕후'였을까?

일론 머스크는 어린 시절, 공상과학 게임과 만화에 빠져 살면서 화성 정복과 지구 구원이라는 원대한 꿈을 가졌다. 그 소년이 커서 지금 전기자동차로 지구를 구하려 하고 위성 발사를 성공시키며 2030년까지 화성 정복을 이뤄낼 거라고 말하고 있다. 프랭크 왕은 어려서부터 헬리콥터 덕후였다. 헬리콥터를 좋아했던 소년은 성인이 되어 '헬리콥터에 카메라를 달면 어떨까?'라는 생각을 했고, 그 발상이 세계 최고의 드론 회사인 디제이아이를 탄생시켰다. 마지막으로 컴퓨터 덕후였던 마크 저커버그. 중학교 때 대학원 컴퓨터 수업을 청강할 정도로 컴퓨터에 빠져 살았던 그는 페이스북을 탄생시켰다.

이렇듯 세상을 바꿀 만한 저력을 품고 있는 덕후이지만, 지금껏 우리 사회에서 덕후를 바라보는 시각은 그리 곱지 못했다. 덕후들 사이에서 쓰는 '일코'라는 말이 있다. '일반인 코스프레'의 줄임말이다. 주변의 시선이 부담스러워 덕후가 아니라 일반인인 척한다는 뜻이다. 정답사회에서 덕후들은 '한심하다, 특이하다, 불안하다'는 꼬리표가 달리기 일쑤이기 때문이다.

그러나 우리 사회에서도 이제 덕후를 바라보는 시선이 조금씩 달라지고 있다. 쓸데없는 일에 시간을 낭비하는 사람이 아니라, 세상을 변화시킬 무한한 가능성을 지닌 존재로 말이다.

덕후의 원조 격인 일본에서도 이런 변화의 움직임이 나타나고 있다. 오타쿠에 대해 자신의 취향이 분명하고 한 가지 분야에 능통한 사람이라는 긍정적인 시각이 생겨나고 있다. 일본의 젊은 엄마들은 자녀가 오타쿠가 되는 것에 대해 꽤나 긍정적이다. "아이가 좋아서 하는 거라면 괜찮습니다. 한 가지에 몰두하고 파고들어 좋은 결과를 낸다면 응원하고 싶어요."

덕후들은 학위 없는 전문가라고 불린다. 일본에서 만난 '기차 오타쿠' 다키히로 씨도 그중 하나다. 그는 어릴 때부터 기차를 좋아해 시간이 날 때마다 기차 구경을 하러 갔다. 처음에는 막연히 구경만 했지만 기차를 보면 볼수록 복잡한 운행 시스템이 궁금해졌고, 결국 직접 일본 전역의 기차노선도와 운행시간표를 분석하기에 이르렀다.

그리고 이런 관심은 기차 시뮬레이션 게임 개발로 이어졌다. 게임에 접속하면 실제 기차 운행과 똑같은 방식으로 운전할 수 있다. 그가 만든 게임은 전 세계적으로 500만 이상의 다운로드 수를 기록하며 판매 5년 만에 8000만 엔, 우리 돈으로 8억 5000만 원의 수익을 냈다. 30년 이상 기차 덕후로 살아온 그에게 새로운 게임을 개발해 달라는 요청이 끊이지 않고 있다.

IT 기술에 힘입어 덕후들의 혁신성은 더욱 강력해지고 있다. 이제 누구나 아이디어만 있으면 인터넷에 올려 전 세계와 공유할 수 있고, IT 기술을 이용해 실물로 쉽게 구현해볼 수 있다.

예전에는 피규어 덕후라고 하면 피규어를 모으는 데 그쳤지만, 이제 3D 프린터로 자신만의 피규어를 직접 디자인하고 제작할 수 있다. 예전에는 시제품 하나를 만드는 데 수천만 원이 들어갔다면, 지금은 수십만 원이면 만들 수 있다.

IT 기술이 빠르게 발전한 덕분에, 덕후들의 상상력과 아이디어가 더욱 쉽게 현실로 구현되고 있다. 이제 덕후는 소통하지 않는 아웃사이더가 아니라 능동적인 생산자로 거듭나고 있다.

국가 브랜드가 된 일본의 오타쿠

—

일본에서는 오타쿠 문화가 국가적 산업으로까지 발전하고 있다. 자신이 좋아하는 만화 속 캐릭터로 변신하는 코스프레는 이제 오타쿠들만의 전유물이 아니다.

2016년 8월 일본은 리우 올림픽 폐막식에서 일본의 애니메이션 캐릭터가 주인공으로 등장하는 아주 특색 있는 홍보영상을 공개했다. 오타쿠 문화를 세계에 적극 알리겠다는 '쿨 재팬' 전략의 일환이었다. 2003년 조성된 쿨 재팬 펀드에 정부와 기업이 지금까지 약 6000억 원의 기금을 마련해 다양한 콘텐츠 산업에 투자하고 있고, 2020년까지 오타쿠 문화를 기반으로 한 미디어·콘텐츠, 패션, 음식 등의 시장 규모가 약 9898조 원대에 달할 것이라고 한다. 쿨 재팬 펀드의 대표 노부유키 오타 씨는 "게임 소프트나 코스프레 등 오타쿠 요소에서 탄생한 문화와 상품은 산업적 효과가 크기에 국가에서 적극적으로 지원하고 있다"고 말한다.

일본의 쿨 재팬 전략에 많은 기업들도 동참하고 있다. 도쿄에 위치한 피규어 제작업체 굿스마일컴퍼니는 피규어를 만드는 것을 좋아하는 오타쿠들을 직원으로 채용해 키워낸다. 한 해 매출액이 약 2000억 규모로, 수익의 약 40퍼센트가 해외시장에서 발생한다. 애니메이션이나 만화를 일본에서 발표함과 동시에 해외에서도 볼 수 있게 된 2010년 이후부터 피규어의 해외 판매가 늘어났다고 한다.

도쿄에 위치한 피규어 제작업체 굿스마일컴퍼니는 피규어를 만드는 것을 좋아하는 오타쿠들을 직원으로 채용해 키워낸다.

2011년에 설립된 도쿄오타쿠모드는 인터넷을 통해 일본의 애니메이션, 게임 등을 세계에 알리는 일을 하고 있다. 이 회사는 전 세계에 2000만 명에 가까운 회원을 확보하고 있으며, 이들에게 실시간으로 일본 문화 트랜드 정보를 제공해 회원들의 소비를 이끌어낸다.

이 회사는 설립 5년 만에 놀라운 성장을 이뤘다. 그 비결 중 하나는 독특한 기업문화에 있다. 바로 직원들에게 오타쿠가 되라고 장려하는 것이다. 실제로 이 회사 직원들은 자신이 좋아하는 일을 하는 것을 가장 중요하게 생각한다.

한때는 쓸모없는 취미활동이나 한다고 여겨졌던 오타쿠들이 이제는 일본의 개성과 문화를 상징하는 존재가 되면서, 그들의 문화가 국가의 주력산업으로까지 성장하고 있다.

창업을 두려워하지 않는 중국 청년들

—

세계적인 경영학자 톰 피터스는 저서 《톰 피터스의 미래를 경영하라》에서 "15년 내에 화이트 컬러 직종 가운데 80퍼센트가 완전히 사라질 것"이라고 경고한 바 있다. 어쩌면 앞으로 다가올 미래에 살아남는 법은 좋아하는 일에 몰두해 덕후라는 이름의 전문가가 되어 혁신을 이루는 것일지도 모른다.

그런 의미에서 중국은 두려운 나라다. 자신이 하고 싶은 일에 과감히 몸을 던지는 청년들이 우리보다 월등히 많기 때문이다. 대학 졸업 후 취업으로만 몰리는 우리나라와 달리 중국 청년들은 취업, 학업, 창업 중 자신이 원하는 길을 선택한다.

이는 중국 대학과 정부의 적극적인 지원이 밑바탕에 있기에 가능한 일이다. 리커창 총리가 '대중의 창업, 만인의 혁신'이라는 슬로건을 제시한 뒤 중국 정부는 약 7조 2000억 원의 창업투자 기금을 조성해서 대학생 창업을 적극적으로 지원하고 있다.

최근 창업에 성공한 대학원생 양훤 씨는 중국 최고의 이공계 대학으로 손꼽히는 베이징의 칭화대 출신이다. 수많은 창업가를 배출한 이 대학 역시 학생들의 창업 지원에 적극적이다.

양훤 씨 역시 학교와 정부의 지원을 바탕으로 창업에 성공했다. 양훤 씨와 그의 동료들은 모두 컴퓨터 덕후들로, 자신들의 도전을 지원하는 사회 시스템과 응원의 분위기 속에서 두려움 없이 진로를 결정할

◆ 한국과 중국 대학생의 희망 진로

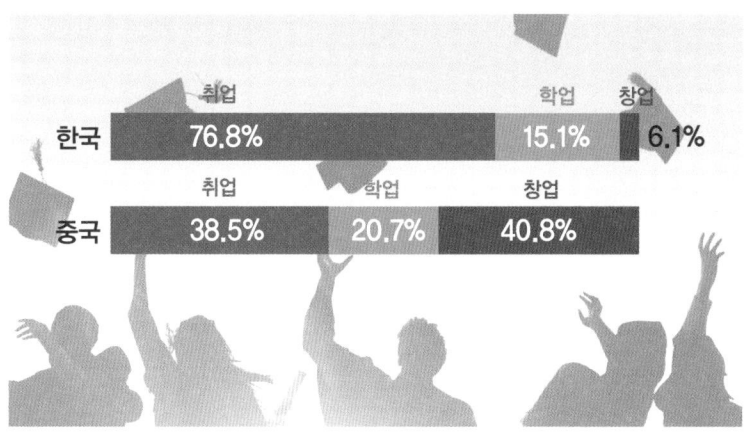

	취업	학업	창업
한국	76.8%	15.1%	6.1%
중국	38.5%	20.7%	40.8%

대학 졸업 후 취업으로만 몰리는 우리나라와 달리 중국 청년들은 취업, 학업, 창업 중 자신이 원하는 길을 선택한다.

수 있었다고 한다. 이들이 창업한 컴퓨터 보안 프로그램 회사는 창업 2년 만에 연 매출 1억 원이라는 성과를 이뤄냈다.

"지금 중국의 분위기는 자신이 좋아하는 일을 하라고 응원하는 거예요. 안정적인 걸 추구하라고 강요하지 않아요. 그래서 심리적으로 더 많은 용기를 얻어 좋아하는 일을 선택할 수 있어요. 경제적인 지원도 좋아요. 창의적인 생각을 담아 제출하면 초기 지원금을 신청할 수 있는데, 지원금이 크지는 않지만 사업을 시작하기에는 충분하죠."

2015년 칭화대와 베이징대 두 대학교 졸업생 중 약 2500명이 창업했는데, 이는 전년 대비 17퍼센트나 증가한 수치다. 정부나 대학뿐 아니라 마윈, 레이쥔 등 중국 1세대 창업 CEO들도 청년들의 아이디어에 앞 다투어 투자한다. 중국의 창업 열풍 뒤에는, 청년들이 좋아하는 일에 도전하면 그것을 지지하고 응원해주는 사회적 뒷받침이 있다. 이런 긍정적인 환경 속에서 중국의 청년들은 앞으로 더 성장할 것이라는 자신감에 가득 차 있다.

이는 미래에 대한 기대감으로도 드러난다. 《대학내일》에서 2016년 중국과 한국의 청년들을 대상으로 경제, 사회, 정치, 개인의 삶의 네 가지 영역에 대한 미래 기대치를 분석한 결과는 충격적이다. 중국은 '긍정적'이라는 의견이 80퍼센트를 넘는 반면, 우리나라는 그 절반에도 못 미치는 37퍼센트만이 긍정적인 미래를 기대한다고 답했다.

어쩌다 우리 청년들이 미래를 기대하지 않고, 꿈도 희망도 가지지 않게 되었을까? 그 이유는 명확하다. 청년들은 기성세대가 만든 틀에 갇혀버렸다. 지금까지 우리 사회는 청년들 스스로 자신이 진짜 무엇을 좋아하는지, 또 무엇을 잘하는지 고민할 시간과 기회를 주지 않고 사회가 정한 정답만을 좇아오게 만들었다. 돈과 안정이 최고라고 가르쳤다. 그런데 오늘날 그 정답이 현실에서 소용이 없어지고 있다. 그로 인한 고통은 오로지 청년들의 몫이다.

덕후가 스펙이 되는 시대

—

이제 우리 사회도 청년이 스스로 답을 찾을 수 있는 밑바탕을 견고히 만들어가야 한다. 그리고 정답사회를 벗어나려는 청년들의 노력에 큰 지지와 응원을 보내야 한다.

연구 덕후들이 모인다는 '모두의연구소'는 새로운 사회를 위한 희망의 단초를 발견할 수 있는 곳이다. 이 연구소에는 현재 17개의 연구팀에서 100명이 넘는 연구원들이 활동 중이다. 학벌, 직업에 상관없이 누구든 스스로 원하는 연구를 할 수 있다. 드론, 딥러닝 등 자신이 원하는 분야를 연구하고 정보를 공유한다. 모두의연구소 김승일 소장의 말이다.

"제일 많이 듣는 질문이 '돈은 무엇으로 버십니까?'와 '연구소에서 학위를 주나요?'였어요. 사람들은 학위를 굉장히 중요하게 생각하는데, 진짜 중요한 건 실력이죠. 학사도, 박사도 너무 많잖아요. 그렇기에 오히려 학위보다는 어떤 한 분야를 깊게 판 덕후들이 더 인정받는 시대가 오고 있는 게 아닌가 싶습니다. 모두의연구소에는 굉장히 열정적인 덕후들이 많아요. 이들이 혼자 연구하는 게 아니라 관심사가 비슷한 덕후들끼리 모여서 같이 연구를 하기 때문에 엄청난 시너지를 만들어내지요."

이곳에서는 지식이 부족하더라도 좋아하는 열정만 있다면 연구할 기회가 주어진다. 연구원들 대부분이 직장 생활과 학업을 병행하면서도 바쁜 시간을 쪼개 기꺼이 이곳을 찾는 데는 그만큼의 기쁨과 보람이 있기 때문이다.

이 세상에 정답이란 존재하지 않는다. 각자에게 맞는 각자의 답만

이 있을 뿐이다. 이제 좋아하는 일을 해보겠다고 마음먹은 청년에게 '그게 밥 먹여주냐?'는 못된 한마디를 던져 고개를 떨구게 하지 말자.

천 명의 청년이 있다면 그들이 천 가지 방법으로 자신만의 길을 걸어갈 수 있어야 한다. 그 길을 가는 데 가장 필요한 무기는 자신이 좋아하는 것을 찾아내고 시도해볼 기회다. 몇 개 되지 않는 의자를 두고 의자 뺏기를 시킬 것이 아니라 각자 자기 의자를 만들도록 해야 하지 않겠는가.

기계가 일하도록 두어라

양승동 PD

지난 2016년, 모 신문의 '잡노마드 시대가 온다'라는 연재 기사가 주목받았다. 교통수단과 인터넷, 모바일의 발달로 해외 취업이 과거에 비해 많이 수월해졌고, 또 워낙 국내 일자리 시장이 좁다 보니 벌어지는 일이다. "글로벌 시장 없이 생존하기 어려운 한국 경제의 현실을 고려하면 '잡노마드'는 더 늘어나야 합니다." 한국에서 20년 넘게 국내외 기업에서 일해왔고 주한 캐나다 상공회의소장을 지낸 시몽 뷔로 씨의 말이다. 그는 해외 취업이 느는 주요 이유가 어려운 국내 경제 상황 때문이지만 또 한편으로는 21세기 노동 시장의 트렌드라고 말한다. "단지 경기가 나빠서 요즘 젊은이들이 해외로 나가는 것이 아닙니다. 세계의 국경이 점점 낮아지는 만큼 개인의 취향, 선호에 따라 모국을 떠나는 사례가 많아지는 것입니다."

해외 취업이 점점 더 각광받는 추세이지만, 다른 길도 있다. 사실 가장 중요하게 부각하고 싶었던 것은 비영리 영역이나 사회적 경세 영역으로 불리는 제3섹터에서의 일자리와 직업에 대한 것이었다. 세계적인 경제학자 제러미 리프킨은 그의 저서 《노동의 종말》에서 다가오는 미래에 노동과 일자리의 의미가 변하고 제3섹터가 부각될 것이라고 예견했다. 기존 산업사회에서 중요했던 일자리들이 사라지고, 앞으로는 다른 관점에서 노동과 직업을 봐야 한다고 주장한 것이다. 1996년에 초판이 나온 지 20년이 넘은 지금 시점에서 그의 견해는 어떨까?

펜실베이니아 대학교 와튼스쿨 최고경영자과정 교수로 있는 그와 두 시간에 걸쳐 인터뷰를 할 수 있었다. 우리는 그와의 인터뷰에서 많은 영감을 받았다. 그러나 방송에서는 짧게 인용할 수밖에 없어서 아쉬웠다. 여기에서 이 인터뷰를 자세히 소개하고자 한다.

먼저 한국의 청년들이 취업과 실업문제로 큰 고통을 겪고 있다고 전하자 그는 "한국의 친구들, 특히 젊은 세대인 밀레니엄 세대에게 혼자가 아니라고 말해주고 싶다"면서 말문을 열었다.

"GDP라는 차원에서 보면 세계적으로 성장이 느려지고 있습니다. 이유는 생산성이 줄어들고 있기 때문이죠. 지난 10~15년간 실업률은 세계 모든 곳에서 높아졌습니다. 경제학자들은 앞으로 20년간은 저성장, 저생산성이 지속될 것으로 예상하고 있습니다."

그는 '2차 산업혁명'의 패러다임에서 벗어나 '3차 산업혁명'으로 가야 한다고 역설한다. 현재 4차 산업혁명이라는 용어를 많이 쓰지만 제러미 리프킨은 '3차 산업혁명'으로 충분히 얘기할 수 있고 오히려 자신이 주장하는 '3차 산업혁명'이 여러 가지 측면에서 더 적합하다고 주장한다.(제러미 리프킨이 산업혁명 차수를 구분하는 방식이 국내에서 흔히 통용되는 클라우스 슈밥의 방식과 다르므로, 이와 구별하기 위해 제러미 리프킨의 용어에는 따옴표를 붙임- 편집자 주)

"탄소연료를 기반으로 한 현재의 문명을 40년 내로 종결시켜야 합니다. 미래의 사업과 고용은 세 가지 차원에서 생각해볼 수 있는데, 첫째 새로운 커뮤니케이션 기술, 둘째 새로운 연료, 셋째 새로운 이동수단입니다. 이런 인프라의 변화야말로 새로운 비즈니스 모델을 만들어냅니다. 이런 인프라를 구축해야 새로운 고용이 20~30년 내에 등장할 수 있습니다."

그는 '2차 산업혁명'이 2008년에 정점을 찍었다고 주장한다. 그래서 지금 실업률이 계속 증가하고 직업을 구하기가 힘들다는 것이다. 하지만 '3차 산업혁명'이 가까워져 오고 있다고 주장한다.

"새로운 '3차 산업혁명'은 모든 국가와 사회를 움직일 수 있는 새로운 교통, 커뮤니케이션, 연료수단을 갖고 옵니다. 그 인프라를 구축하면서 몇백만 명의 한국 사람들은 당장 내일 아침이라도 다시 직장을 가질 수 있을 것입니다."

이 인프라를 어떻게 구축하느냐 하는 데서 새로운 일자리와 직업들이 등장한다는 얘기다. "이제 대량고용의 기회가 한 번 남았습니다. 2세대 정도 버틸 수 있을 겁니다. 한국의 전체적인 연료 인프라를, 2세대 또는 40년 내에 화석연료와 핵연료에서 분산 가능한 재활용에너지로 바꿔야 합니다." 이런 일들을 로봇이나 인공지능이 할 수 없고 사람이 해야 하기 때문에 일자리가 늘어난다는 것이다.

이것이야말로 일자리 혁명이라 할 수 있는데 바로 여기서 새로운 역설이 생긴다. "이러한 '3차 산업혁명' 시스템이 구축되고 나면, 자동화된 AI를 통해 스마트하고 디지털하게 작동되기 때문에 역으로 노동자가 아주 적게 필요해집니다. 즉 2세대에 걸친 거대한 고용기회가 끝나는 겁니다." 이 지점에서 그의 통찰이 돋보인다. 제러미 리프킨은 그다음 고용문제를 해결하기 위해 분투해야 한다고 촉구한다.

"자동화가 완성된 이후 고용은 어떻게 될까요? 시장경제를 40년간 자동화하면서, 고용은 시장에서 벗어나서 사회적 경제 영역으로 들어가게 될 거에요. 비영리 부문, 제3섹터죠. 그 부문은 인간들이 다른 인간들과 소통하면서 사회적 자본을 생산해내야 하거든요." 현재 세계적으로 가장 빠르게 성장하는 고용 분야가 비영리 분야, 사회적 경제 영역인데 데이터로 입증되고 있다고 한다.

"기계가 일하도록 두세요. 그건 힘든 일이 아니죠. 힘든 일은 사회적 자본을 만드는 거예요. 교육, 문화, 의료, 환경 등 인간이 정말 인간을 필요로 하는 영역들이 많습니다. 힘든 일은 멸망으로 나아가는 이 지구를 구제하는 일이에요. 우리가 지구의 삶을 다루는 방식을 바꾸는 일입니다. 이것이야말로 인간의 정신이 사용되어야 하는 일입니다."

그는 유럽의 경우 '3차 산업혁명'을 실제 구현하고 있다며 예를 들었다. 10여 년 전 독일에는 네 개의 주요 다국적 에너지 기업이 몰락했는데, 그 이유는 몇백만 개의 소기업들, 젊은 농부들이나 밀레니엄 세대가 전기조합을 결성하고 태양열, 풍속, 지열에너지를 생산하는 새로운 에너지 생산자들이 되었기 때문이라는 것이다. "에너지 회사의 종말을 말하는 것은 아닙니다. 하지만 비즈니스 모델을 바꿔야죠. 이런 일은 음악계에도, 신문계에도, 출판계에도 일어났어요."

마지막으로 제러미 리프킨은 공유경제에 관해 흥미 있는 주장을 펼친다. 교통, 에너지, 소통의 디지털화는 우리가 가상의 제품, 실제 제품, 에너지 등을 한계비용이 거의 제로에 가깝게 생산하고 분배할 수 있게 했고 그로 인해 공유경제가 크게 활성화되고 있다는 것이다.

"현재 젊은 층은 공유경제라는 새로운 경제의 일부가 될 수 있습니다. 새로운 경제 시스템, 19세기의 자본주의와 사회주의 이후의 시스템이에요. 경제적으로 큰 변화입니다. 공유경제는 지금 어린 아이로써 부모인 자본주의 곁에 앉아 있지만 분명 새로운 경제 시스템입니다."

그의 뛰어난 통찰력이 지금 우리 젊은이들이 겪는 고통을 이해하고 그 대안을 모색하는 데 큰 도움이 되기를 기대한다.

4부

탐구
Research

明見萬里

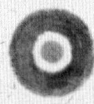

7장

호기심 격차 시대가 열렸다

—

인간을 인간답게 하는 능력을 보호하라

그 대학의 연구실에는 '교수님'이라는 호칭이 없다.

다양한 세미나에서 누구나 자유롭게 이야기한다.

실험에 필요한 장비는 연구원들이 직접 아이디어를 내고

손수 제작하여 사용한다.

이 모든 것이 단 하나를 보호하기 위한 것.

이 대학에서만 여섯 명의 노벨상 수상자가

나온 데는 이유가 있다.

호기심 격차 시대가 열렸다

인간을 인간이게 하는 특성,
호기심

—

미국 조지아 주립대 언어연구소에 있는 수컷 보노보 칸지는 천재 원숭이로 불린다. 생후 9개월 때부터 언어를 배웠고, 렉시그램이라는 소통 도구로 200개 이상의 단어를 익혀 600가지가 넘는 과제를 수행하는 능력을 보였다. 이런 믿을 수 없는 능력을 보여준 칸지가 아직까지 보여주지 않은 게 하나 있다. 바로 "왜?"라고 질문하는 능력이다.

"왜?" 인류의 역사에서 혁명이라 불릴 만한 것들은 모두 이 말에서 시작했다. 1928년 알렉산더 플레밍은 우연히 푸른곰팡이로 오염된 포

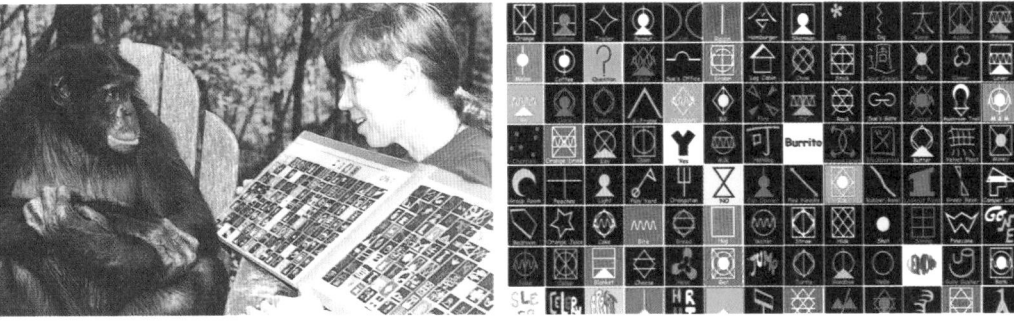

천재 보노보 칸지는 렉시그램이라는 소통도구를 익혀 자기 의사를 전달한다. 그러나 아직까지 보여주지 않은 것이 있다. 바로 "왜?"라고 질문하는 능력이다.

도상구균 배양 접시에서 균이 더 이상 자라지 못하는 것을 발견했다. 실험이 실패했다 여기고 그냥 넘길 수도 있었지만 플레밍은 그러지 않았다. 왜 이런 현상이 일어났는지 호기심의 이유를 파고들었고, 결국 페니실린을 발견할 수 있었다.

전자공학의 혁명을 가져온 트랜지스터, 아인슈타인의 상대성이론, 뢴트겐의 X선 발견 등도 모두 호기심이 없었다면 불가능한 업적이었다. 이와 같은 호기심의 역사는 지금도 매일 새롭게 만들어지고 있다.

기초과학연구원 나노구조물리연구단을 맡고 있는 이영희 교수도 그중 하나다. 이 교수는 탄소나노튜브를 30년째 연구하고 있다. 순전히 연구자로서의 개인적인 호기심으로 시작한 일이다. '나노'는 10억 분의 1 크기이 아주 미세한 단위를 일컫는다. 이 교수가 연구하는 단소나노튜브는 지름이 수 나노미터이고 길이는 끝도 없으며, 마치 죽부인

처럼 생겼다. 이 교수의 연구를 바탕으로 하여 탄소나노튜브를 이용한 디스플레이 발전이 이어졌다. 이처럼 수많은 과학자들의 호기심 덕분에 2000년대 초반 한국은 나노 강국 5위 안에 진입했다.

아리스토텔레스는 "호기심이야말로 인간을 인간이게 하는 특성"이라고 했다. 아인슈타인은 "나는 천재가 아니다. 다만 호기심이 많을 뿐이다"라고 말했다. 인공지능의 시대, 4차 산업혁명의 시대는 인간이 인간으로서 가질 수 있는 능력에 집중하는 시대다. 호기심의 차이가 개인의 삶의 질을 결정하고, 호기심을 어떻게 대하느냐가 한 나라의 운명을 결정하는 미래가 이미 우리 앞에 와 있다. 이른바 '호기심 격차 시대'라 부를 수 있는 시대가 열렸다. 많은 미래학자들 역시 앞으로 인류 역사를 바꿀 혁명적 변화들이 호기심에서 나올 것이라고 예측하고 있다.

그런 의미에서 1년에 한 번 전 세계 영재들이 모여 서로의 호기심을 겨루는 국제물리올림피아드를 살펴보자. 2016년 7월, 천재 물리학자 아인슈타인의 모교인 스위스의 취리히 대학에 세계 각국의 청소년들이 모였다. 80여 개 국가, 총 400명의 과학 영재들이 참가하는 국제물리올림피아드이다. 우주정거장, 가속기, 반도체, 금속 막의 저항 측정 등 창의성을 요구하는 다양한 문제들이 아이들의 호기심을 자극했다.

전 세계 내로라하는 과학 영재들이 모여 창의력이 요구되는 과학 문제를 두고 겨루는 자리에서 우리나라 학생들의 실력은 어떠했을까? 우리나라는 참가한 다섯 명 전원이 금메달을 수상하는 쾌거를 이루

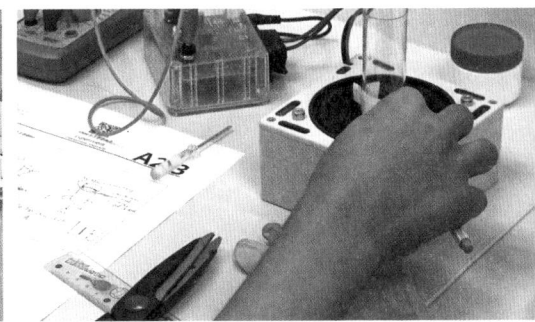

국제물리올림피아드에서는 전 세계 내로라하는 과학 영재들이 모여 창의력이 요구되는 과학 문제를 두고 실력을 겨룬다.

며 중국, 대만과 함께 종합 1위라는 놀라운 성적을 거두었다. 이 학생들은 똑똑한 머리만 가지고 있는 것도, 물리학 지식을 많이 습득하기만 한 것도 아니다. 그래서는 이 대회에서 결코 금메달을 딸 수 없다.

'학생들에게 영감을 주는 도전적이고 흥미로운 문제를 냈다'는 국제물리올림피아드의 출제 의도에서도 알 수 있듯이, 이들이 가진 가장 큰 무기는 창의력 그리고 세상을 향한 무궁무진한 호기심이다. 국내에서 92대 1이라는 어마어마한 경쟁률을 뚫고 국제 대회에 나가 금메달을 목에 건 다섯 명의 학생 모두 과학자가 꿈이라고 했다. 이들에게는 탄소나노튜브를 연구한 이영희 교수처럼, 과학자로서의 순수한 호기심과 연구에 대한 열망이 있다.

이들만이 아니다. 우리니리의 청소년들은 국제물리올림피아드뿐 아니라 국제화학올림피아드, 국제생물올림피아드, 국제지구과학올림피아드 등 과학 분야 국제올림피아드에서 모두 괄목할 만한 성적을 거두고 있다. 2016년 7월에 열린 국제화학올림피아드에서 우리나라는 세 명이 금메달, 한 명이 은메달을 따면서 종합 2위의 성적을 거두었고, 이 대회에서 지난 8년간 총 23개의 금메달을 땄다. 2016년 8월에 열린 국제지구과학올림피아드에서도 금메달 두 개와 은메달 두 개를 획득해 종합 3위에 올랐고, 2007년 1회 대회 때부터 2016년까지 한국의 청소년들은 종합 1위를 다섯 번, 종합 2위를 세 번이나 차지했다.

과학 영재들의 이유 있는 배신

—

그렇다면 이들로 인해 우리나라 기초과학의 미래가 차곡차곡 준비되고 있다고 봐도 될까? 1998년부터 2015년까지 3대 국제과학올림피아드 수상자들의 대학 진학 현황을 분석했더니 놀라운 결과가 나왔다.

물리는 열 명 중 세 명이, 화학과 생물은 절반 이상이 의학계열로 진학했다. 우리나라 과학의 미래를 책임질 재목들이 과학자의 길을 버리고 의사라는 직업을 선택하고 있는 것이다.

화학올림피아드의 '대모'로 불리는 하윤경 홍익대 기초과학과 교수는 2016년《한국경제》와의 인터뷰에서 "올림피아드 출전자들의 의대 진학이 처음에는 섭섭했지만 점점 당연시되는 터라 이젠 서운한 감정도 없어졌다"고 밝혔다.

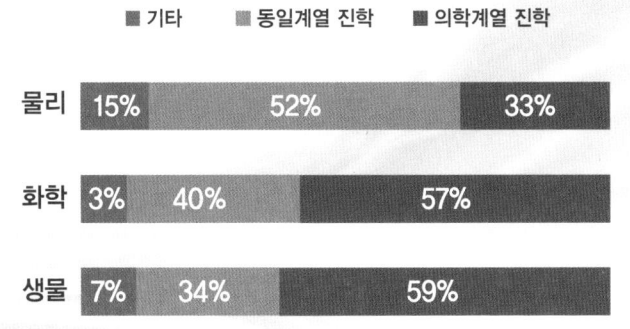

◆ 3대 국제과학올림피아드 수상자 진학 현황

■ 기타　　■ 동일계열 진학　　■ 의학계열 진학

물리	15%	52%	33%
화학	3%	40%	57%
생물	7%	34%	59%

(출처: 한국과학창의재단)

　이런 현상은 국제과학올림피아드 수상자들에게서만 나타나는 것이 아니다. 정부는 과학 인재를 육성하기 위해 일반고에 비해 막대한 예산을 투입하면서 과학고와 과학영재고를 지원하고 있다. 그런데 최근 과학고와 과학영재고에서 의학계열로 진학하는 학생의 비율이 매년 꾸준히 늘어나고 있다. 2011년부터 2015년에 이르는 5년 동안 영재고 졸업생의 8퍼센트인 154명이, 과학고의 경우 졸업생의 3퍼센트에 해당하는 171명이 의대에 진학했다. 특히 서울과학고는 2015년 무려 졸업생의 20퍼센트가 의대에 진학했다.

　과학고 출신에서 범위를 넓혀도 똑같은 현상이 벌어진다. 2016학년도 입시에서 서울대 전체 합격자 3135명 가운데 346명이 입학을 포기했는데, 이 합격 포기자 가운데 공대가 127명, 자연대가 48명이었다.

이런 현상의 원인 역시 이른바 '의대 효과'였다. 이들 진학 포기자 대부분이 의대 진학을 선택했다.

그렇다고 자연계열로 진학한 학생들이 과학 인재로 성장해가는 것도 아니다. 2007학년도에 서울대 생명과학부에 입학한 60명의 학생들을 대상으로 현재 진로를 조사한 결과, 재학생 가운데 무려 72퍼센트인 43명이 의학전문대학원으로 진학했다. 동일 계열로 진학한 경우는 13명뿐이었다. 충격적인 결과가 아닐 수 없다. 과학고를 졸업하고 자연계열 대학을 거친 이들 대부분이 어째서 의대라는 진로를 택했을까?

"생명과학부로 입학했지만 지금은 의대에 편입해서 다니고 있어요. 가면 갈수록 전공으로 먹고살 확신이 점점 없어졌거든요."

"연구라는 것 자체만으로도 굉장히 힘든데, 연구 외적으로 불안하게 하는 요소들이 너무 많았어요."

"솔직히 자연과학을 계속하면 돈을 벌 기약이 없잖아요. 그래서 일단 의대 편입을 선택했어요."

하지만 이들도 이런 선택을 하기 불과 몇 년 전까지만 해도 호기심 왕성한 과학 꿈나무들이었다.

"과학고는 과학자가 될 꿈을 꾸게 해준 발판이었어요. 하고 싶은 것을 할 수 있었던 3년이었지요."

"선생님들이 '너희는 세상을 더 좋은 곳으로 발전시킬 아이들이다'라고 말씀하실 때면 뭔가 옳은 길을 가고 있다는 자부심이 들었어요."

과학고 출신 학생들이 의대를 선택하는 건 다름 아닌 지극히 현실적인 이유 때문이었다. 과학을 열심히 하면 할수록 미래가 불안해진다는 것이다. 과학 영재를 둔 부모들도 같은 이야기를 한다. 자식이 지금 과학을 하는 건 좋지만, 이걸 평생 하겠다고 할까 봐 너무 불안하다고 말이다. '과학을 해서 남들만큼 잘살 수 있을까?', '밥벌이는 될까?' 그게 가장 걱정된다고들 했다. 그렇다 보니 의대가 매력적인 선택지가 되는 것이다. 도대체 과학자로서의 삶이 어떻기에 이런 현상이 발생할까.

열정과 밥벌이 사이에서 고민하는 과학자들

그 이유를 알아보기 위해 과학자들이 연구에 매진하고 있는 현장을 찾아가보자. 서울대 자연과학 연구실. 열네 명의 연구원이 다양한 유전 연구를 진행하고 있다. 연구실의 막내인 석사 2년차 K씨는 지금 연구하고 있는 '예쁜꼬마선충'을 얻기 위해 벌레 잡는 일에도 아주 열심이다.

"왜 기초과학을 하느냐고 물으면 궁금하기 때문이죠. 질문을 하기조차, 만들기조차 어려웠던 그런 새로운 질문들을 찾아가고 싶어요." 그는 실험을 한 번 하려면 수많은 과정을 거쳐야 하지만 그 모든 과정이 즐겁다고 했다.

하지만 선배들의 사정은 조금 다르다. 결혼 2년차인 박사후 연구원

A씨는 자신이 좋아하는 연구와 현실적인 문제 사이에서 고민이 깊다. 가장 큰 고민은 진로 문제다. 박사후 연구원에게 취업의 벽은 높기만 하다. A씨가 국내에서 선택할 수 있는 일자리는 대부분 1~2년이 지나면 옮겨야 하는 불안한 자리뿐이다. 실제로 우리나라의 이공계 박사 졸업자 수는 매년 크게 늘어나고 있지만 그에 맞는 박사급 신규 연구개발 일자리 수는 오히려 계속 줄어드는 형편이다.

"가족들은 제가 적절한 자리에서 적절한 연봉을 받으면서 일하기를 바라죠. 어떤 분야든 그렇겠지만 제가 원하는 자리는 많지 않아요. 저도 과학자가 되어 뭔가를 발견하고 발명하는 일에 대한 설렘이 있어서 긴 목표를 좇아왔던 건데, 그곳은 아무래도 닿을 수 없는 곳인가 싶어요."

박사논문 준비에 한창인 6년차 연구원 B씨는 자신이 좋아하는 연구를 하고 있지만 이것이 좋은 성과로 이어져야 한다는 부담감 때문에 고민이 크다. 좀 더 안정적인 연구를 원하는 B씨는 해외 유학을 염두에 두고 있다.

"불안함이 계속 있어요. 여기에서는 먼 미래도 아니고 바로 앞의 미래조차 내다보기 힘드니까요."

우리나라 젊은 과학자들은 한국을 떠나고 싶은 이유로 낮은 직업적 안정성과 열악한 연구 환경 그리고 낮은 수입을 꼽았다.

이런 문제는 연구직을 넘어 자연계열 전체로 확대했을 때도 마찬가지다. 2016년 한국고용정보원이 조사한 바에 따르면, 전체 경제활동

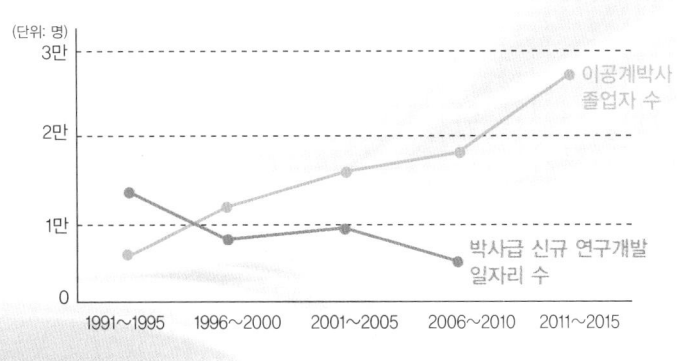

우리나라의 이공계 박사 졸업자 수는 매년 크게 늘어나고 있지만 그에 맞는 박사급 신규 연구개발 일자리 수는 오히려 계속 줄어드는 형편이다. (출처: 미래창조과학부)

인구 가운데 자연계열 졸업자의 비중은 2000년대 중반 15퍼센트 이상으로 높은 비중을 차지했으나 이후 꾸준히 감소하여 10퍼센트에 이른다. 2015년 기준 자연계열 졸업자가 많은 업종은 제조업, 숙박 및 외식업, 도매 및 소매업, 교육서비스업 순인데, 이 가운데 숙박 및 외식업의 비중은 2004년 5.9퍼센트에서 2015년 15.2퍼센트까지 상승했다. 취업이 어려워 전공과 일치하지 않은 일자리 영역으로 진입한 결과다. 자연계열 졸업자의 비정규직 취직 비율 역시 2010년 10.2퍼센트에서 2013년 42.3퍼센트로 꾸준히 늘어났다.

한국에서 과학자가 된다는 것은 먹고사는 문제를 걱정하느라 마음껏 연구하기 힘든, 암울하고 험난한 길을 걸어가야 하는 운명처럼 보인다. 국가경쟁력의 중요한 요건이 될 호기심이, 생계의 문제 앞에서 사치의 영역이 되어버리고 마는 것이다. 과학자의 꿈을 꾸고 있던 학생들 앞에 다가온 팍팍한 현실이 이들의 꿈도, 열정도, 호기심도 다 사그라지게 한 것이다.

우리나라 과학 분야에 대한 우려는 이제 심각한 경고 수준에 이르렀다. "기초과학이 살지 않으면 '과학 한국'의 미래는 없다"는 막스플랑크재단 피터 그루스 이사장의 발언이나, "반세기 안에 한국 기초과학은 멸종에 이를 수 있다"는 하버드 의과대학 유승식 교수의 말은 과장이 아니다.

미래창조과학부에서는 2년마다 미래 성장 동력이 될 120개 과학기술 분야에 대해 국가별 순위를 매기고 있다. 기술수준이 도달한 정도에 따라 최고·선도·추격·후발·낙후 다섯 단계로 나누는 이 조사에서 2014년 기준 국가별 최고기술 보유 현황을 보면 미국 97개, EU 13개, 일본 9개, 중국 1개다. 한국은 몇 개일까? 0개다. 우리나라는 선도기술 37개, 추격기술 82개 등을 보유하고 있기는 하지만, 세계 최고 수준의 기술은 보유하고 있지 않다.

대부분의 과학기술에서 미국이 압도적인 우위를 차지하는 건 오랜 투자의 결실로 볼 수 있다. 실제 오늘날 미국 국내총생산의 50퍼센트는 50년 전 이뤄진 기초과학 투자에 바탕을 두고 있다고 평가받는다. 그렇다면 우리나라도 기초과학 투자를 늘리면 되지 않을까. 도대체 기초과학에 대한 지원이 얼마나 적기에 이런 현상이 생길까.

대한민국이
세계 최고 수준의 연구개발 투자국?

—

KBS방송문화연구소에서 한국의 젊은 과학자 100명에게 호기심을 유지하기 어려운 이유를 물었더니 역시 기초과학에 대한 지원 부족을 가장 큰 문제로 꼽았다.

그런데 놀라운 진실이 있다. 사실 한국은 OECD 35개국 중 GDP 대비 가장 많은 연구비를 연구개발(R&D)에 투입하고 있다. 무려 GDP의 4.29퍼센트를 연구개발비로 쓴다. 그런데 일선의 연구자들은 전혀 그 혜택을 못 받고 있는, 이해할 수 없는 일은 왜 벌어질까?

카이스트 생명과학과 송지준 교수의 사례를 통해 그 이유를 확인할 수 있다. 송 교수는 미국 유학 중이던 2004년 에이즈 치료와 관련된 단백질을 세계 최초로 발견해 학술지 《사이언스》의 표지 논문으로 선정되는 등 일찌감치 학계의 주목을 받은 촉망받는 과학자였다. 그는 미국에 남으면 무조건 성공할 거라며 한국행을 말리던 지도교수의 만류를 뿌리치고 한국으로 돌아왔다. 한국에서도 충분히 잘할 수 있다는 자신감이 있었기 때문이었다. 카이스트에 자리 잡은 지 7년, 안타깝게도 송 교수에게는 그 시절의 의욕이 남아 있지 않다.

"제가 하고 싶은 연구를 하기 위해서 과학을 하는 건데, 왜 '연구 하청업'을 하고 있는지 회의가 들어요. 제가 하는 연구 과제와 하청받은 과제가 딱 맞으면 좋겠지만 그렇지 않은 경우가 많으니까 연구비를 받아서 반은 그쪽 연구를 해주고, 반은 제 연구를 하는 식이죠."

송 교수가 말하는 '연구 하청업'이란 주제와 목표가 정해진 연구를 대상으로 연구비를 지원하는 '기획과제 연구'를 가리킨다. 반면 연구자가 자율적으로 정한 주제의 연구에 비용을 지원하는 것을 '자유공모 연구'라고 한다.

정부는 R&D 분야에 2016년 한 해 19조 1000억 원의 예산을 배정했지만, 이 가운데 자유공모 연구에 지원된 예산은 1조 1000억 원, 즉 5.8퍼센트에 불과했다. 민간기업이 투자하는 연구개발비 역시 한 해 40조 원에 이르지만, 이 역시 대부분 기획과제 연구에 지원된다. 이런 상황이다 보니 과학자들은 연구비를 받기 위해 자신이 원하는 연구가 아닌 주어진 연구를 할 수밖에 없다.

자유공모 연구에 할당된 1조 원은 연구비를 원하는 연구자 수에 비해 너무 적은 금액이기 때문에 그 안에서 합리적 분배가 어려워 5000만 원짜리 소액 과제가 80퍼센트에 이른다. 거기다 우리나라 연구자들의 70퍼센트 정도가 대학에 있지만, 정부 R&D 투자 가운데 대학의 비중은 2008년 11퍼센트에서 2014년 9퍼센트로 오히려 떨어졌다. 소액 과제를 딴다고 해도 간접비 명목으로 학교에 20퍼센트를 내고, 인건비, 소모품 구입 등을 하고 나면 막상 연구비로 쓸 돈은 얼마 남지 않는다. 또 1억 원 이상 과제를 따더라도 3년 이내 단기 과제가 대부분이고, 정부 R&D 지원을 받으려면 반드시 5~10년 뒤 기대효과까지 적어야 한다.

"정부의 연구과제 보고서 양식을 보면, 어떤 것들은 기초과학인데도 수입대체효과를 적어 내야 하는 것도 있어요. 기초과학 연구라도 당장 돈벌이가 되는 산업효과가 있어야 더 나은 연구로 평가받는다는 건데, 그건 기초과학이 아니라 기술개발이죠."

게다가 정부의 R&D 투자는 트렌드와 단기성과에 집착하는 경향을 보인다. 이명박 정부 시절에는 '녹색', '친환경', '태양광' 등을 R&D 키워드로 잡아 관련 과제를 양산하더니, 박근혜 정부 역시 2016년 3월 이세돌과 알파고의 대결 일주일 만에 2020년까지 1조 원을 투입해 '한국형 알파고'를 만든다는 정책을 급조해냈다. 포켓몬고가 유행하자 가상현실에 주목하고, 뇌지도 연구가 부상하니 정부 주도로 한국판 뇌지도 연구 계획을 만드는 식이다. 이렇게 정부가 이끄는 국책연구가 점점 대형화되어 가는 과정에서, 기존의 인공지능, 뇌과학 연구자들의 연구 성과가 제외되고 연구비 지원에서 배제되는 일도 일어났다.

서울대 자연과학대 학장 김성근 교수는 2016년 10월 《중앙일보》와의 인터뷰에서 "많은 돈을 투자할 테니 인공지능을 어서 빨리 개발하라고 정부가 판을 만들어준다고 해서 한국이 갑자기 세계 최고의 인공지능을 만들 수 없다. 한국의 인공지능 기반이 약한 이유는 기초가 없기 때문이다. 기초연구에 투자하지 않으면 계속 선진국 뒤를 따라갈 수밖에 없다. 연구비를 많이 타는 교수들의 특징이 해외 연구를 벤치마킹하는 것인데, 그래서야 따라하기밖에 더 되겠나. 기초라는 건 당장의 사용처를 생각하지 않고 궁극적인 호기심으로 하는 연구다. 이것의 무서운 점은 언젠가 쓸모가 있다는 점"이라며 추격형 연구, 단기 성과형 연구가 아닌 호기심을 파고드는 창의적 연구를 할 수 있는 환경이 되어야 한다고 강조했다.

이런 현실을 참다못해 급기야 2016년 9월에는 서울대 의대 생리학교실 호원경 교수를 중심으로 자유공모 방식의 연구비를 늘려달라는 온라인 청원 운동이 일어났다. 494명의 연구자가 자필 서명을 해 국회에 청원서를 접수했고, 1498명의 과학자가 온라인 청원에 동참했다.

이들은 '연구자 주도 기초연구 지원 확대를 위한 청원서'에서, 정부가 지속적으로 연구개발비 투자를 확대하고 있음에도 기초연구는 점점 위축되는 '풍요 속 빈곤'의 위기 상황이라며, 정부의 기초연구 지원이 원천지식의 창출이라는 본래의 목적을 이룰 수 있도록 연구자 주도의 창의적 연구를 지원하는 자유공모 기초연구 지원사업을 확대해야 한다고 주장했다.

이처럼 우리나라는 시간이 오래 걸리거나 논문을 바로 쓸 수 없는 주제인 경우 연구할 여건이 안 된다. 거기다 평가 시스템은 논문 수, 산학협력, 기술이전 숫자, 특허 수 등 정량적인 평가를 중시하며, 비전문가가 심사하는 경우도 허다하다. 송지준 교수는 카이스트에서 정년을 보장받았지만 한국을 떠날 고민을 하고 있었다. 지금과 같은 구조 아래에서는 제대로 된 연구를 할 수 없기 때문이다.

자유로운 연구를 보장하는 것이야말로 연구비 전체 예산이 얼마인가보다 중요하다. 지금처럼 과학자의 창의성과 호기심을 살릴 수 없는 구조 속에서는 기초과학 연구를 위한 토양이 만들어질 수 없다. 덴마크의 과학자 닐스 보어가 1913년 처음 제시한 '원자모형' 이론이 100년 후 반도체, 레이저 등 신산업의 토대가 될 줄 누가 알았겠는가. 단기간 내에 성과를 내려고 하는 한국의 R&D 투자정책은 당장에도 실패할 뿐 아니라, 미래에 만들어질지 모를 기회조차 없애는 것이다.

지원은 하되 간섭하지 않는다

장기적인 지원과 안정된 연구 환경, 그러면서도 창의성을 키우는 과학 연구의 토대를 만들기란 매우 어려운 일이다. 다른 사회는 어떻게 하고 있을까.

독일의 '막스플랑크 연구소'는 세계 최고의 기초과학연구소이자 과학자들에게 꿈의 연구소로 통한다. 현재 막스플랑크는 독일 전역에서 83개의 연구소를 운영하며, 이곳에서 총 2만 2000명의 과학자들이 기초과학 연구에 매진하고 있다. 이 연구소의 여러 장점 가운데서도 가장 큰 것은 도전적이고 독창적인 연구에 지원을 아끼지 않는다는 점이다. 과학자들은 자신의 호기심에 따라 자율적으로 연구한다. 이곳에서 6년째 고체물리학 연구를 하고 있는 카이저 교수는 "이곳의 장점은 다양한 가능성을 열어준다는 것이다. 연구에 대해 완전한 사유가 있다"고 말한다.

이처럼 막스플랑크 연구소는 '연구비를 지원하되 간섭하지 않는다'는 원칙을 확고히 지키고 있다. 실패에 대한 페널티가 없기 때문에 일단 주제가 선정되면 본인이 좋아하는 연구를 계속할 수 있다.

독일 정부는 경제가 좋지 않은 상황에서도 기초과학에 들어가는 연구개발 예산을 매년 꾸준히 늘려 왔다.

독일 연방교육부 차관 게오르그 쉬테는 이렇게 말한다. "기초 연구에 투자하지 않으면 나중에 응용 분야의 연구, 혁신에 근거한 연구에서 새로운 아이디어에 손을 댈 수 없을 뿐 아니라 아이디어의 기초를 다 소모하게 됩니다. 경제적인 상황이 좋고 나쁨에 상관없이 아이디어를 채우기 위한 기초 연구에 늘 투자해야 합니다."

독일 연방정부와 주정부는 우리나라 돈으로 매년 2조 4000억 원을 막스플랑크 연구소에 투자한다. 세계에서 유일한 연구를, 세계 최고 수준으로 지원하며 과학자의 호기심을 적극적으로 지원하고 있는 것이다. 그 결과 독일에서 한 해 발표하는 우수 과학 논문의 절반 이상이 막스플랑크 연구소에서 나오고 있고, 독일 역대 노벨상 수상자 3분의 1에 해당하는 33명이 막스플랑크 연구소에서 배출되었다. '기초과학 100년 투자'의 결실을 밝혀주는 수치다.

한편 영국에는 연구비에 대해 정부의 간섭을 배제하고 연구자들이 자율적으로 결정하게 하는 제도적 장치인 '홀데인 원칙(Haldane Principle)'이라는 것이 있다. 영국 왕립학회 벤키 라마크리슈난 회장은 2016년 10월 방한했을 때 "과학에서 새롭고 창의적인 아이디어를 얻으려면

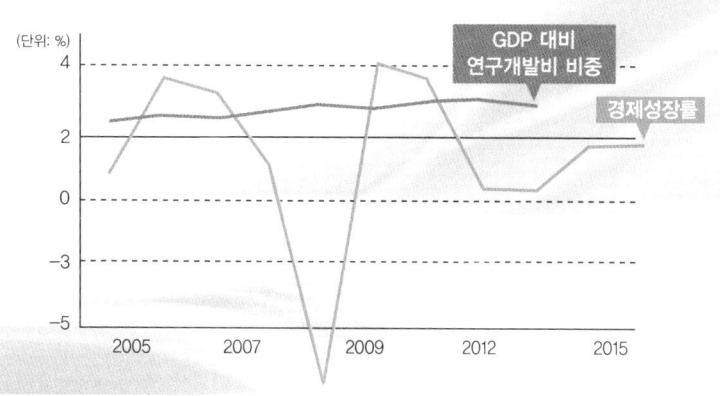

독일 정부는 경제가 좋지 않은 상황에서도 기초과학에 들어가는 연구개발 예산을 매년 꾸준히 늘려왔다.

'탑다운(top-down, 상의하달)' 방식이 아닌 '바텀업(bottom-up, 하의상달)' 방식의 투자를 해야 한다"며 홀데인 원칙의 중요성에 대해 피력한 바 있다.

덧붙여 그는 기초과학이 중요한 이유에 대해 "자연 현상, 생체 연구, 우주 연구 등 모든 지식 탐구가 과학이다. 국가의 경제를 성장시킬 수 있는 동력은 사실상 과학이다"라고 말했다.

일본은 어떨까? 일본 정부는 1995년 과학기술기본법을 제정하고 이듬해부터 5년 단위로 장기 발전계획을 추진하고 있다. 그 가운데서도 실용성과 관계없이 다양한 분야의 창의적 연구를 지원하는 문부과학성의 과학연구비 제도가 기초과학 육성에 큰 역할을 했다. 특히 각 지방의 국공립 대학들은 정부가 지원하는 연구개발비의 절반 이상을 기초과학 분야에 폭넓게 지원한다. 연구비를 대학 외부에서 경쟁을 통해 획득해야 하는 한국과 달리, 일본의 대학교수들은 40~50퍼센트의 연구비를 학교로부터 지원받을 수 있다. 미국 역시 정부 R&D의 47퍼센트를 기초연구비에 투자하고, 연구 과제의 대부분을 과학자 스스로 결정하도록 한다.

탈권위주의 문화 속에서
노벨상이 나온다

—

그럼 정부의 R&D 정책만 바뀌면 우리나라의 기초과학이 발전할까? 서울대가 2015년 열두 명의 세세직인 석학과 함께 진행했던 서울대 자연과학대 평가작업은 이에 대한 의미 있는 답을 보여준다. 이 프로젝트는 정량적, 획일적인 대학평가 방식 대신 해외 유수 대학에서 채택하고 있는 정성적인 대학평가 방식을 도입한 것으로, 2005년 실시된 첫 번째 평가 이후 10년 만에 이뤄진 것이다.

평가 결과는 냉정했다. 선구자가 아닌 추종자이며, 모험 대신 안주를 택하고, 창의적인 연구 대신 '따라 하기'만 하는 것, 이것이 바로 해외 석학들이 본 우리나라 기초과학의 현주소였다. 노벨 생리의학상 수상자이자 이번 평가 작업의 총괄 책임자였던 팀 헌트 교수는 말한다.

"서울대학교 자연과학대 학과의 규모와 영역은 오랫동안 거의 변한

게 없습니다. 학자들이 연구할 때 이미 밝혀진 것을 계속 연구하는 것은 소용이 없어요. 권위에 의문을 가지고 끊임없이 의심해야 거기에서 진정한 과학적 발견이 이뤄지죠. 대학 구조가 좀 더 유연해질 필요가 있습니다. 변화하는 시대에 맞춰 함께 변할 수 있도록 말입니다."

권위주의의 벽에 부딪혀 창조적 연구가 들어설 자리를 잃었고, 그 결과 연구 성과도 떨어질 수밖에 없었다는 평이었다. 또 실력보다 학연으로 후배 전공자를 뽑는 권위주의적 관행이 아직도 만연하다는 부끄러운 평가도 피할 수 없었다.

탈권위주의가 얼마만큼 놀라운 성과를 가져올 수 있는지는 일본 나고야 대학의 사례가 확실히 보여준다. 나고야 대학의 소립자 물리학은 세계적으로 인정받는다. 이곳의 소립자 물리학 연구실에는 '교수님'이라는 호칭이 없고, 다들 서로를 '누구 씨'라고 부른다. 연구실에서만큼은 누구나 대등해야 한다는 원칙 때문이다. 심지어는 제자 두 명을 노벨상 수상자로 키워낸 사카타 쇼이치 교수가 가위바위보에서 진 벌칙으로 학생에게 맞는 사진까지 걸려 있다. 매주 열리는 다양한 세미나에서는 나이나 지위에 상관없이 자신의 생각을 자유롭게 이야기하며 질문이 끊이지 않는다.

이곳은 실험에 필요한 모든 장비를 연구원들이 아이디어를 내고 손수 제작하는 등 자립적인 연구 전통을 이어오고 있다. 핵심 실험 재료인 필름 역시 20년 전 이 연구실의 선배들이 직접 만든 것이다.

이런 토대에서 나고야 대학은 일본에서 가장 많은 노벨과학상 수상자를 배출했다. 2000년대 이전까지는 노벨과학상 수상자의 70퍼센트가 미국, 영국, 독일, 단 세 나라에 집중되어 있는데, 2000년대부터 상황이 달라졌다. 굳건한 3강 구도에 일본이 도전장을 내민 것이다. 일본의 노벨과학상 수상자는 지난 2016년까지 총 스물두 명으로, 그중 2000년 이후 수상자가 열일곱 명이다. 21세기 들어서만 따지면 일본이 미국에 이어 세계에서 두 번째로 노벨과학상 수상자가 많은 나라다. 이 중 나고야 대학 출신이 무려 여섯 명이나 된다. 탈권위주의의 자유로운 분위기와 앞서 언급했던 일본 정부의 안정적인 지원 속에서 나고야 대학의 과학자들은 호기심에 날개를 달 수 있었다.

우리 안에 숨어 있는
호기심을 끄집어낼 때

일본 에도시대에 크게 유행한 '산가쿠(산액, 算額)'라는 것이 있다. 수학문제를 나무판에 새겨 신사에 걸어놓은 것이다. 시가 현에 위치한 미이사는 1300년이 넘는 유서 깊은 절인데, 여기에는 200년 전에 봉납(奉納)된 산가쿠가 걸려 있다. 누군가가 문제를 내면 누구든 문제 풀이에 도전할 수 있었는데, 문제를 풀면 관세음보살에게 알리고 감사를 전하기 위해 나무판에 새겨 사찰에 걸어놓는 식이었다고 한다. 이절에는 현대식 산가쿠도 전시되어 있다. 교토에 있는 두 개의 중학교

미이사에 걸린 산가쿠. 왼쪽은 200년 전 봉납된 것이고, 오른쪽은 교토의 중학생들이 독자적으로 만들어 봉납한 현대식 산가쿠다.

에서 산가쿠 대결을 펼친 뒤 봉납한 것으로, 모두 학생들이 독자적으로 만든 문제들이다.

골치 아프기만 할 것 같은 산가쿠가 왜 이토록 인기가 많았을까. 성별, 나이, 직업에 관계없이 누구나 즐길 수 있고, 순수하게 문제를 푸는 기쁨을 느낄 수 있다는 것. 그것이 사람들이 산가쿠를 좋아하는 이유일 것이다. 새로운 문제를 만들고, 그 문제를 풀기 위해 경쟁하는 일이 반복되면서 산가쿠의 수준도 점점 높아졌고, 결국 일본의 독자적인 수학을 만드는 데 결정적인 역할을 했다는 평가도 있다.

지금도 일본 사람들은 순수한 호기심으로 산가쿠를 즐기고 있다. 심지어 입시에 매달려야 할 고3 학생들도 산가쿠 모임에 정기적으로 참여해 문제를 직접 만들거나 풀이 방법을 함께 고민하기도 한다. 오로지 산가쿠에 대한 호기심 때문이다. 산가쿠 모임에 참여하는 한 학생은 "실제로 대학 입시에 이런 문제들은 나오지 않을 거예요. 하지만 좋아하는 일에 열중해서 생각을 발전시켜 간다는 데 의미가 있다고 생각해요"라고 말한다.

독일 역시 누구나 호기심을 갖고 즐기는 '일상의 과학'을 추구하고 있다. 독일인들에게 과학은 어렵고 복잡한, 나와는 거리가 먼 학문이 아니다. 독일은 기초과학에 대한 투자가 결코 눈먼 돈이 아니라고 생각하기에, 자연과학 수업에 대한 국가적 지원이 유치원부터 고등학교까지 이어진다.

이런 지원으로 이루어지는 일 가운데 '학생을 위한 실험실'이 있다. 초등학교 학생들이 학교 밖에서 색다른 방식으로 과학을 만날 수 있게 한 것으로, 독일 전역에 330여 개가 활발히 운영 중이며 70만 명의 학생들이 참여한다. '학생을 위한 실험실'은 어릴 때부터 기초과학에 대한 흥미와 중요성을 일깨워주는 독일의 특별한 교육법이다.

그런데 사실 호기심 하면 한국인을 빼놓을 수 없다. 개화기에 한국을 방문한 서양인들의 기록을 보면 한국인들의 특징을 이야기할 때 호기심이 빠지는 법이 없다. 천주교 선교사 마리 다블뤼는 "조선인들은 호기심이 많아 작은 일 하나도 알고 싶어 한다"고 기록했고, 미국인 선교사 길모어와 미국의 작가 잭 런던도 한국인의 두드러진 특성은 호기심이라고 했다. 그런데 오늘날 한국은 왜 이런 사회가 되었을까.

영국의 작가 이언 레슬리는 저서 《큐리어스》에서 호기심이 '특질'이라기보다는 '상태'라고 말한다. 즉 호기심은 환경이나 상황에 크게 좌우되기에, 사람은 자신의 삶을 호기심에 불을 지피는 쪽으로도, 호기심을 억누르는 쪽으로도 이끌어갈 수 있다. 사회 전체적으로도 양육 습관, 교육 제도, 교육 방식, 사회가 호기심에 보이는 태도 등의 요인에 따라 호기심의 수준이 달라진다. 어쩌면 우리 사회가 달려온 방향은 우리 안에 숨어 있는 호기심을 짓누르는 쪽이었는지 모르겠다. 정해진 목표까지만 힘껏 달리고 그만 멈춰 서버리지 않았는지 되돌아볼 때다.

한 사회의 성장은 가파른 성장세를 보이다가 어느 순간 정점에 이르고, 정점을 찍은 다음에는 성장세를 유지하거나 도태하는 S자형 곡선을 그린다. 상승세를 계속 이어가려면 또 다른 성장 사이클인 '넥스트 에스커브(Next S-curve)'가 필요하다.

넥스트 에스커브를 만드는 힘은 어디에서 나오는가. 바로 호기심이다. 호기심은 새로운 분야에 질문을 던짐으로써 누구도 예상하지 못한 혁신을 이끌어낸다. 기초과학에 투자하는 나라는 계속해서 넥스트 에스커브를 만들며 빠르게 성장하고, 그렇지 않은 나라는 얼마 못 가 성장 동력을 잃고 말 것이다. 이런 패턴이 반복된다면 격차는 점점 더 커질 수밖에 없다. 이것이 바로 우리가 앞으로 만날 '호기심 격차 시대'다. 호기심을 존중하고 투자하느냐 그렇지 못하느냐에 따라 삶의 질이 달라지고 한 나라의 성패가 좌우되는, 중요한 기로에 우리는 서 있다.

쓸모없는 것의 쓸모 있음

배선정 PD

가을걷이가 끝나고 수확한 쌀을 보며 한 농부가 생각한다. "쌀알 10만 8800알을 나눠서 가마니를 만들어야지. 가마니는 창고 옆에 이런 모양으로 쌓을 거야. 맨 아랫줄에 놓일 가마니에는 1000알씩 넣고, 윗줄로 갈수록 한 가마니에 들어가는 쌀알을 40개씩 뺀다고 하면, 가장 아랫줄에 쌓일 가마니는 몇 개가 될까?"

일하다 말고 이런 생각에 빠져 있는 농부를 본다면 주변 사람들은 이렇게 말할 것이다. "탈곡한 쌀을 대충 비슷한 무게로 나눠 담으면 되지 참 쓸데없는 생각을 하네." 농사를 짓는 것은 수학 문제를 만들고 푸는 것과는 직접적인 관련이 없다고 흔히 생각하기 때문이다.

하지만 일본 에도시대에는 이런 모습을 쉽게 볼 수 있었다. 남녀노소 누구나 수학 문제를 내고 풀었는데, 일부는 목판에 새겨 절에 봉납하기도 했다. 이른바 산가쿠다. 오고가는 사람 누구나 그 문제를 볼 수 있었고, 문제에 대한 논쟁을 펼치면서 문제의 수준이 높아지기도 했다. 주목할 점은 이런 문화가 일부 엘리트 계층에게만 향유된 것이 아니라 농촌 지역 전반에 널리 퍼져 있었다는 것이다. 세금을 계산하거나 무게를 재는 정도의 실용적인 수준을 뛰어넘는 경우도 많았는데, 에도시대 사람들은 왜 이런 문제를 고민하고 풀었을까?

촬영 중에 만난 이치노세키 시립박물관 부관장인 소마 미키코씨는 《세이요우산법(精要算法)》이라는 책을 인용해 답해주었다. '무용지용(無用之用)', 쓸모없음의 쓸모 있음. 언뜻 보기에는 쓸모없이 보일지라도 가치와 쓸모가 있다는 뜻이다. 에도시대 사람들은 '삶에 직접적인 도움이 되지 않는 것처럼 보여도 수학 문제를 즐기는 과정에서 생각하는 힘을 기르고, 이를 통해 세상사를 이해할 수 있다'고 생각했는지도 모르겠다. 실제로 쓸모없어 보이는 수학 문제를 만들고 풀었던 사람들의 지적 호기심이 모여 일본의 독창적인 수학 와산(和算, 재래의 일본 주산)의 발전에 기여했으니 결국은 쓸모가 있었던 셈이다.

인류의 역사에서 혁명이라 부를 만한 것들도 마찬가지다. '사람이 하늘을 날 수 있을까?' '천체가 지구를 중심으로 도는 것이 아니라 지구와 별들이 태양을 중심으로 도는 것은 아닐까?' '빛과 같은 속도로 빛을 쫓아가면 멈춘 것처럼 보일까?' 세상을 바꾼 위대한 질문들도 당시에는 무모해 보일 수 있는 의문이었다. 사회에서 당연히 받아들여

지는 것들에 질문을 던지면 돌아오는 반응은 대부분 비슷하다. '쓸데없는 생각이야!'

하지만 인류의 호기심이 이런 반응 때문에 그 자리에서 멈춰버렸다면 세상은 아무것도 바뀌지 않았을 것이다. 쓸데없는 질문과 생각을 허락해야 하는 이유가 여기에 있다. 어떤 생각이나 발견이 쓸모가 있을지 없을지 처음에는 알 수가 없다. 정말 쓸모가 없는 것도 있을 수 있지만 훗날 인류의 삶을 바꾸는 소중한 것일 수도 있다.

그런데 한국의 기초과학 분야를 취재하면서 느낀 점은, 우리 사회는 쓸모 있음에 대한 증명을 요구하고 있다는 것이다. '기초과학을 하면 돈이 되나?' '연구의 기대효과는 무엇인가?' '몇 년 안에 당장 성과가 나올 수 있는가?' 과학자들은 이런 질문을 많이 받는다고 했다. 과학에 흥미와 재능이 있는 학생들도 경제적인 이유로 기초과학을 계속 전공으로 삼지 못하는 현실, 연구비를 받기 위해서 진짜 하고 싶은 연구보다는 단기간에 성과가 나올 수 있는 연구 주제를 선택하는 것, 아무도 하지 않는 연구에 도전하기보다는 이미 어느 정도 윤곽이 잡힌 분야의 연구를 따라하는 것. 이 모든 것이 쓸모를 증명해야 하는 현실의 벽 앞에서 지적 호기심을 포기할 수밖에 없는 우리 사회의 모습을 보여주는 것 같았다.

이런 점에서 독일 기초과학의 사례는 인상 깊은 부분이 많았다. 막스플랑크 연구소에서 만난 연구자들은 연구의 자율성이 보장된다고 입을 모았다. 하고 싶은 연구에 대한 완전한 자유가 있다는 것이다. 연구의 독립성을 보장받고, 전 세계의 뛰어난 과학자들과 함께 일하며 호기심에 기반을 둔 연구를 할 수 있다는 것이다.

막스플랑크 연구소는 우선 비전위원회에서 연구 분야를 선정하는데, 큰 틀에서 이미 모두가 하고 있고 할 만큼 진행된 분야보다는 미래 20년 동안에 잠재력이 있는 분야를 골라 투자한다. 어떤 새로운 것을 배울 것인가, 어떤 분야에서 흥미롭고 혁신적인 발전이 나올 것인가 등을 기준으로 큰 방향성을 정할 뿐이다. 연구 주제를 고르는 것은 전적으로 연구자들의 몫이다.

연구를 시작하면 중간에 추가로 예산을 요청할 필요 없이 약 20년 동안 계속 지원받을 수 있다고 했다. 2~3년마다 국제적 기준의 평가를 받기는 하지만, 이는 결과물에 대한 평가가 아니다. 연구의 품질이 이전과 다름없이 진행되고 있는지, 과정에 대한 검증 차원이다. 물론 기대에 부응하지 못하면 예산을 줄일 수도 있지만 그런 경우는 20년 동안 서너 번에 그쳤다고 하니 놀라울 따름이다. 슈투트가르트에 있는 막스플랑크 연구소에서 만난 스테판 카이저 교수는 6년간 고체물리학을 연구하고 있는데, 한두 해 만에 결과를 내야 하는 단기 프로젝트기 아니라 큰 프로젝트를 진행할 수 있는 시간을 보장해주고 경제적 지원을 받을 수 있는 것이 큰 장점이라고 했다.

"이곳은 다양한 가능성을 열어주는 곳입니다. 제가 연구하는 분야는 많은 돈이 들어가는 큰 프로젝트인데 이곳에서 지원하는 예산, 설비, 시간 등이 이런 프로젝트를 가능하게 하죠. 중간중간 연구가 제대로 되고 있는지 확인하는 과정도 있지만 결국 결과는 마지막에 나온다는 것을 그들은 알고 있어요."

이런 생각의 토대 위에서 세계 최고 수준의 연구자들을 뽑아 최대로 지원하고, 남들이 하지 않는 연구를 창조적으로 해나가도록 했다. 이는 자연스럽게 노벨과학상 수상자 배출로 이어졌다. 독일 역대 노벨과학상 수상자 3분의 1이 막스플랑크 연구소에서 나왔다. 1985년 노벨물리학상을 수상한 클라우스 폰 클리칭 교수도 그중 하나다. 연구실에서 만난 백발의 노교수는 전기저항에 대한 자신의 발견이 2018년 킬로그램의 기준을 바꿀 것이라 설명해 주었는데, 마치 어린아이처럼 신나 보였다. 과학이 곧 자신의 취미라며 항상 질문을 하고 밤이든 새벽이든 연구에 몰두한다고 했다. 노벨상을 가져다준 연구도 새벽 두 시에 연구실에서 이루어졌다며 정확한 시간을 기억하고 있었는데, 발견한 순간의 기쁨이 얼마나 컸을지 느낄 수 있었다. 정말 알고 싶었던 것을 알게 된 순간의 기쁨은 노벨상을 수상한 기쁨보다 더 커 보였다. 그 스스로도 노벨상 수상이 정말 우연한 것이며, 한 번도 상을 받기 위해 연구한 적은 없다고 했다.

한국 과학자들의 실력과 열정은 세계적으로도 인정받고 있다. 그런 한국인 과학자들을 만나본 외국인들은 한국에서 아직 노벨 과학상이 나오지 않았음을 의아해하기도 한다. 그렇다면 남는 문제는 하나다. 뛰어난 인재들이 기초과학 분야에서 연구를 계속 이어나갈 동기와 환경을 만들어주는 것이다.

기초과학 강국이라 불리는 나라들을 통해 볼 수 있듯이, 당장 쓸모 없어 보이는 것들일지라도 장기적인 안목을 가지고 투자한다면 그 결실은 미래에 더 크게 다가올 수 있다.

한국 기초과학의 역사가 50년이라고 한다. 앞으로의 50년은 쓸모없음의 굴레를 넘어 과학자들이 호기심을 마음껏 펼칠 수 있기를 바란다. 그래서 인류의 지평을 넓히는 과학적 발견이 한국에서도 나오기를 기대해본다.

∴ 앞부분에 나온 쌀가마니 문제는 일본 시가 현에 있는 미이사에 1828년 봉납된 산가쿠 문제로, 답은 16개이다.

明見萬里

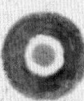

8장

4차 산업혁명은
어떤 인재를 원하나

—

1에서 2가 아니라, 0에서 1을 만들어내는 힘

세계 최대 인터넷 화상통신 스카이프,

해외 송금 서비스의 혁신 트랜스퍼와이즈.

전 세계를 주름잡는 스타트업들이 탄생한 곳은

남한의 절반 크기에, 서울 인구의 8분의 1밖에 되지 않는

아주 작은 나라 에스토니아.

한때 대부분의 집에 전화기도 없을 정도로 가난했던 이 나라가

어떻게 글로벌한 디지털 강국이 되었을까.

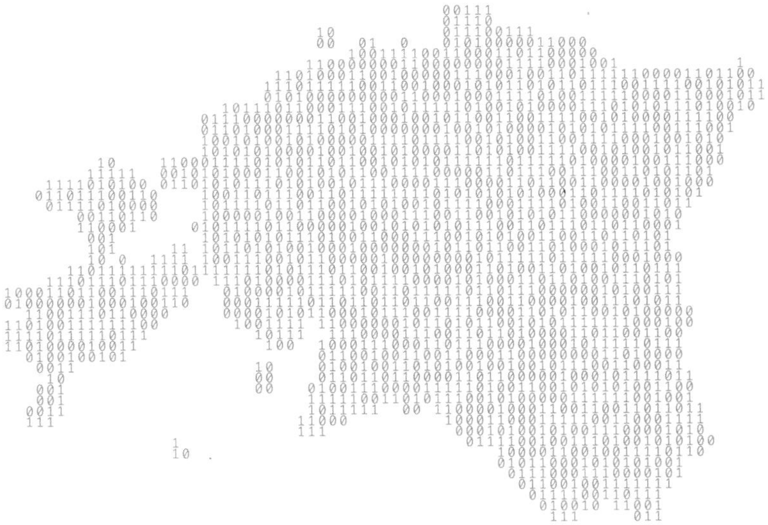

4차 산업혁명은
어떤 인재를 원하나

1에서 2가 아니라, 0에서 1을 만들어내는 힘

서울대생을 이긴 초등학생의
수학 공부 비결은?

—

서울대 1학년 학생들과 초등학교 6학년 학생들의 수학문제 풀이 겨루기. 누가 더 정확하게 빨리 풀었을까? 결과가 뻔해 보였던 이 경쟁의 결과는 의외였다.

대결에 참가한 초등학생들은 4주 동안 열두 시간의 '특훈'을 받았다. 〈명견만리〉 팀은 인공지능을 이용한 수학 교육 플랫폼을 개발한 조봉한 박사와 함께 수원의 한 초등학교 6학년 학생 아홉 명에게 중고등 과정의 수학을 새로운 방식으로 교육하는 실험을 진행했다. 수학 성적이 특별

수학을 시각적인 도형과 도구를 이용하는 새로운 방식으로 가르친 결과, 아이들은 수학을 즐겁게 공부했다. 학습 효과 역시 뛰어났다.

히 뛰어나지 않은 보통의 학생들이 대상이었다.

훈련은 공식을 암기하고 문제를 많이 풀어보는 일반적인 방식이 아니었다. 조 박사는 아이들에게 수학 공식을 외우게 하지 않았다. 대신 수의 제곱, 수열, 미적분 등 수와 도형의 변화를 자신이 개발한 시각적인 프로그램을 통해 가르쳤다.

수학을 시각적으로 이해하는 4주간의 학습이 끝난 뒤 초등학생들은 세 개의 시험 문제를 받았다. 그중에는 2014년 수능에 출제된 미분 문제도 있었다. 초등학생들은 공식을 쓰지 않고 그림을 그리거나 블록을 활용하면서 수열, 미분 문제를 직관적으로 풀었다. 미분이 무엇인지 전혀 모르는 상태에서 미분 문제를 푼 것이다.

서울대에서 수학, 통계를 전공하는 학생들도 같은 문제를 받았다.

서울대 학생들은 모두 공식을 사용해 단계적으로 문제를 풀었다. 가장 어려운 세 번째 문제에서는 대학생들이 약 15분, 초등학생들은 5분 만에 답을 냈다.

실험에 참여했던 초등학생들은 4주간의 수학 시간이 '마치 소프트 아이스크림 같았다'고 말했다. 수학은 아이들이 가장 어려워하고 싫어하는 과목이어서 학교 측에서도 이 실험이 성공할 수 있을지 반신반의했지만, 아이들은 두 시간 동안 쉬지 않고 진행된 수업을 전혀 지겨워하지 않았다. "평소 수업은 딱딱해서 재미가 없었는데, 이번 수업은 중고등학교 수준의 문제라는 걸 모를 정도로 쉽고 재미있었어요. 문제도 아주 빨리 풀 수 있었고요."

많은 사람들에게 수학은 어렵고 재미없는 과목이다. 한 신문사에서 사람들에게 '수학'하면 떠오르는 단어들을 물었더니 '혼난다, 스트레스, 포기, 두려움, 고문, 악몽, 수면 시간, 지옥의 관문'과 같은 답이 나왔다. 우리나라에는 수학을 포기한 학생, 이른바 '수포자'가 전체 고등학생의 60퍼센트에 이른다. 한 인터넷 커뮤니티에 올라온 '문과의 수학 시간'이란 제목의 사진 속 학생들은 모두 책상에 엎드려 자고 있다.

이다지도 고통스러운 수학, 할 수만 있다면 피하고 싶은 수학 시간을 즐겁게 바꾸면서 학생들의 실력도 향상시킬 방법이 있다니 솔깃하지 않을 수 없다. 그런데 이러한 수학 공부의 대혁신은 재미있는 수학 시간을 만들기 위해서만 필요한 것이 아니다.

"계산을 열심히 해서 답만 찾는 건 이제 의미가 없어요. 그건 기계

한 인터넷 커뮤니티에 올라온 '문과의 수학 시간'이라는 제목의 사진이다. 학생들은 교사가 수학 수업을 하는 중에도 모두 책상에 엎드려 자고 있다.

가 다 해줄 수 있어요. 인공지능 시대잖아요. 사람은 의미와 내용을 파악해서 '다음을 예측하는 힘'을 가져야 합니다. 가장 중요한 건 꿰뚫는 것입니다. 쉽게 알면 깊이 들어갈 수 있어요. 꿰뚫었기 때문에 응용할 수 있고, 어떤 문제도 쉽게 풀어낼 수 있게 됩니다."

앞서 실험을 이끈 조 박사는 인공지능이 등장하면서 교육의 방식과 목적이 달라져야 한다고 말한다. 그는 수학이라는 학문을 우리의 기존 상식과 다르게 정의한다. 수학은 세상의 변화를 이해하고 예측하며 그것을 누구나 알기 쉽게 시각적으로 설명하는 방법이라고 말한다. 수학의 목적은 결국 생각하는 힘을 기르는 것이라는 점을 강조한다. 윤종록 정보통신산업진흥원장 역시 수학 교육이 반드시 달라져야 하는 이유에 대해 다음과 같이 말했다.

"실수하지 않으려고 죽어라 같은 문제를 풀고 또 푸는 지긋지긋한 수학 공부는 수포자를 만들 뿐입니다. 이제 바뀌어야 합니다. 수학이라는 학문과 수학적 사고는, 4차 산업혁명이라는 거친 바다를 항해하는 데 꼭 필요한 나침반 같은 존재이기 때문입니다."

수많은 공부 중에서 왜 유독 수학이 중요한지, 수포자가 이렇게 많은 세상에 왜 수학 교육이 강조되어야 하는지, 그 이유가 여기에 있다. 키워드는 바로 4차 산업혁명이다. 우리가 맞이하고 있는 4차 산업혁명 시대는 역사상 가장 수학을 필요로 하는 시기라고 전문가들은 입을 모은다.

데이터 없이는 건널 수 없는 강,
4차 산업혁명

—

우선 4차 산업혁명의 정체부터 짚고 넘어가자. 가상현실, 인공지능, 사물인터넷, 클라우드 컴퓨터 등 우리는 이미 상상이 기술로 실현되는 세상을 경험하고 있다. 하지만 이런 기술 혁신만으로는 4차 산업혁명을 정의할 수 없다.

지금까지 인류가 겪어온 1, 2, 3차 산업혁명은 원료를 투입해서 제품을 만드는 하드웨어 혁명이었다. 4차 산업혁명은 그 성격이 완전히 다르다. 4차 산업혁명은 상상력과 데이터를 투입해 거대한 혁신을 일으키는 소프트웨어 혁명이다.

우리는 우리가 의식하지도 못하는 사이 매일매일 엄청난 데이터를 쏟아내고 있다. 인터넷을 검색하고, SNS를 쓰고, CCTV에 매 순간이 녹화된다. 일상적인 행위들까지 모두 데이터화되고 있는 것이다. 현재 전 세계 데이터의 90퍼센트가 불과 지난 2년 안에 생성된 것인데, 앞으로 우리 생활의 더 많은 부분이 디지털로 이뤄지면 데이터의 양은 상상을 초월하게 될 것이다.

2013년 한 해 동안 생성된 전 세계 데이터의 양이 4.4제타바이트이다. 1제타바이트는 1 다음에 0이 스물한 개나 들어가는 상상하기 힘든 크기다. 2020년이 되면 데이터의 양이 그보다도 무려 열 배나 많아진다고 한다. 64기가바이트 용량의 스마트폰으로 44제타바이트의 데이터를 저장하려면 지구와 달 사이를 열세 번 왕복하는 거리만큼 스마트폰을 쌓아야 한다.

경제학자들은 데이터를 활용해서 기업 활동의 효율성을 1퍼센트만 개선해도 전 세계 GDP가 약 15조 달러 증가할 것으로 전망한다. 전 세계 정보통신기술 시장 규모를 다해도 4조 달러에 불과한데 이 시장이 네 배 가까이 커진다는 이야기다. 아마존, 제너럴일렉트릭, 지멘스 등 4차 산업혁명을 이끌고 있는 대표 기업들도 데이터로 새로운 혁신을 창조하고 있다.

바야흐로 '데이터 빅뱅 시대'나. '빅 머니는 데이터에서 나온나'는 날처럼 사람, 사물, 돈과 마찬가지로 데이터가 기업의 자본이 되는 시대가 오고 있다. 우리가 수십만 톤의 광석을 채굴해서 철, 구리, 아연을 뽑아내는 것처럼, 엄청나게 쏟아지는 데이터의 홍수 속에서 돈이 되는 정보를 찾아내는 일은 더욱 중요해질 것이다. 그래서 데이터는 '21세기 원유'에 비유된다.

데이터 없이는 건널 수 없는 강. 이것이 바로 우리가 직면한 4차 산업혁명의 핵심이다. 1, 2, 3차 산업혁명이 우리가 발로 딛고 있는 지구에서 역동성을 발휘했다면, 4차 산업혁명은 보이지 않는 또 하나의 지구, 즉 사이버 세상에서 무한한 발전을 거듭해나갈 것이다. 분명한 것은 4차 산업혁명이 인류의 삶과 미래를 뒤흔들 파괴력을 가지고 있다는 점이다.

전 세계 유일의
디지털 국가 꿈꾸는 에스토니아

이쯤에서 4차 산업혁명의 선두에 선 한 나라를 소개하고자 한다. 도대체 지금까지 우리가 가져본 적 없는 새로운 기회인 '데이터 자본'을 어떻게 모으고 활용해야 할지, 또 그것과 수학 교육은 무슨 상관관계가 있는지 힌트를 얻어보자.

세계 최대 인터넷 화상통신 스카이프, 해외 송금 서비스의 혁신 트랜스퍼와이즈는 전 세계를 주름잡고 있는 스타트업 기업들이다. 이들이 탄생한 곳은 남한의 절반 크기의 영토에, 전체 인구가 서울 인구의 8분의 1인 130만 명밖에 되지 않는 아주 작은 나라 에스토니아다.

지정학적 위치 때문에 오랫동안 덴마크, 독일, 스웨덴, 러시아의 식민 지배를 받던 에스토니아는 1991년 구소련에서 독립할 때까지만 해도 대부분의 집에 전화기조차 없을 정도로 가난했다.

그런데 지금 에스토니아를 부르는 별명이 예사롭지 않다. '발트해의 호랑이', 'IT 강국', '북유럽의 실리콘밸리', 최근에는 알파벳 e를 강조하여 '이(e)스토니아'라고도 부른다. 디지털 혁신을 통해 지난 20여 년간 연간 1인당 GDP를 열다섯 배나 늘리며 4차 산업혁명의 중심에 선 에스토니아의 비결은 무엇일까?

에스토니아의 디지털 환경은 세계 최고의 편리함과 투명성을 자랑한다. 에스토니아에서는 도시 어디에서나 와이파이를 무료로 사용할 수 있고, 지난 2000년에는 세계 최초로 '인터넷 접속권'을 인권으로 선언했다. 행정 또한 전자정부 시스템으로 투명하게 이뤄지고 있다. 모든 시민은 전자 서명을 기초로 한 아이디카드인 'e-레지던시'를 사용하는데, e-레지던시를 이용하면 금융, 통신, 교육, 사업 등 모든 디지털 서비스를 자유롭게 이용할 수 있다.

2015년 에스토니아는 새로운 실험을 시작했다. 바로 '디지털 국가' 선언이다. 100유로, 우리 돈 12만 원이면 누구나 에스토니아의 디지털 시민이 될 수 있다. 심사를 거쳐 e-레지던시를 발급받으면 에스토니아의 모든 디지털 서비스를 내국인과 똑같이 이용할 수 있다. 회사

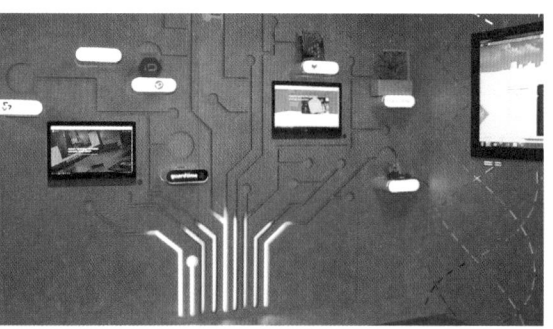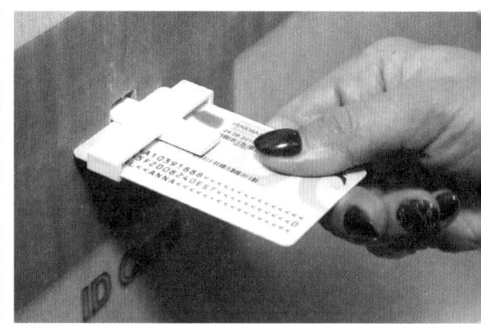

에스토니아에서는 전자 서명을 기초로 한 아이디카드인 'e-레지던시' 하나로 금융, 통신, 교육, 사업 등 모든 디지털 서비스를 자유롭게 이용할 수 있다.

를 창업할 수 있고, 은행에서 계좌도 개설할 수 있고, 디지털 서명을 이용한 모든 계약이 가능하다. 참정권을 제외한 모든 권리를 누린다고 봐도 무방하다.

1년 동안 135개국, 1만 4000명이 에스토니아의 디지털 시민권을 받았다. 에스토니아 정부의 목표는 1000만 명이다. e-레지던시를 받고 최소 자본금 300만 원이면 누구나 에스토니아에 회사를 세울 수 있다 보니, 실제로 e-레지던시를 받아 에스토니아에 설립된 외국 회사가 1000곳이 넘는다. 창업까지 걸리는 시간은 한 시간에 불과하다.

에스토니아는 이러한 파격적인 행보로 전 세계 사람들을 불러 모으고 있다. 그 결과 인구 40만의 수도 탈린은 유럽에서 가장 많은 스타트업이 탄생하는 혁신도시가 되었다. 기술과 경영 환경이 급속히 변화하는 시대에 참신한 아이디어를 가진 소규모 회사들이 국가 경쟁력을 키워줄 것이라는 에스토니아 정부의 전략이 성공을 거두고 있다.

좁은 국토의 한계를 디지털로 확장하겠다는 기발한 발상으로 전 세계 유일의 디지털 국가를 향해 성큼성큼 나아가고 있는 에스토니아. 그런데 에스토니아의 이러한 저력의 밑바탕에는 오랫동안 축적해온 소프트웨어의 힘이 깔려 있다.

에스토니아는 독립 직후부터 IT를 국가 기간산업으로 정해 소프트웨어 인재 양성에 사활을 걸었다. 세계에서 가장 먼저 초등학생 코딩 교육을 실시하고 1998년에 모든 학교에 컴퓨터를 보급하는 등, 전 국민 소프트웨어 교육에 총력을 기울였다.

현재 에스토니아에서는 유치원에서부터 기초 코딩 교육을 하고 있다. 탈린 교외의 한 유치원에서는 장난감 꿀벌이 출발지점에서 도착지점까지 잘 움직일 수 있도록 경로를 설계하는 놀이를 하고 있다. 어린 아이를 위한 기초 코딩 교육이다. 비봇이라는 코딩 교육용 로봇의 방향 버튼을 누르면 꿀벌이 움직인다. 아이들은 처음에는 단순하게 로봇을 직진시키지만, 좀 더 시간이 지나면 로봇의 길을 앞뒤, 좌우로 프로그래밍하는 단계로 나아간다.

초등학생들의 로봇 공학 수업시간에는 아이들이 로봇에 내릴 명령을 짜고 직접 로봇을 만들어본다. 어떤 요소들을 결합해야 하나의 기계가 완성되는지, 또 그 기계가 움직이려면 어떤 명령을 내려야 하는지 스스로 프로그램을 짜고 실행해 보기도 한다. 이 수업 역시 재미있는 놀이처럼 진행된다. 이 과정에서 아이들은 로봇공학뿐 아니라 수학

에스토니아는 유치원에서 초중고등학교에 이르기까지, 전 국민 소프트웨어 교육에 총력을 기울이고 있다. 왼쪽은 장난감을 이용한 유치원의 코딩 교육. 오른쪽은 초등학교의 로봇공학 수업.

을 배우고, 협동하는 방법과 문제를 해결하는 방법을 익힌다.

고등학교는 어떨까? 고학년의 필수 과목은 수학 분야의 통계다. 학생들은 컴퓨터로 수많은 데이터를 조직, 정렬하고 분석하는 방법을 배운다. 다양한 표본 값을 입력하면 달라지는 결과들을 바로 확인할 수 있기 때문에 원리를 쉽게 이해하고 오류를 빨리 깨달을 수 있다.

학생들은 수학 시간에 종이와 연필을 거의 사용하지 않는다. 계산할 일이 생기면 컴퓨터나 계산기를 두드린다. 학생들은 문제 풀이 대신 수학적인 사고 즉, 컴퓨터적 사고 훈련을 한다.

에스토니아의 교육정책 전문가 윌레 키카스 씨는 4차 산업혁명을 대비하는 에스토니아 교육 개혁의 핵심은 코딩과 수학을 통해 컴퓨터적 사고를 익히는 것이라고 말한다.

"컴퓨터에게 일을 시키려면 컴퓨터와 대화가 되어야 하지요. 그러려면 당연히 컴퓨터가 알아들을 수 있는 언어를 배우고, 컴퓨터처럼 논리적인 사고를 해야 합니다. 단순 계산이 아니라, 문제의 핵심과 이면을 알도록 가르치는 겁니다. 학생들이 수학을 이런 방식으로 배우면 어떻게 현실에서 문제를 스스로 해결할지 알게 됩니다. 오늘날 컴퓨터 없이 통계나 데이터를 다루는 건 상상할 수 없죠. 말하자면 에스토니아의 수학 교육은 근본적이면서도 실용적이고 전방위적이라고 할 수 있습니다. 또한 학생들은 수학적 개념을 배우고 수학적 수단과 활용법을 배우면서 생각, 지식, 지혜를 얻습니다."

컴퓨터적 사고 훈련이란, 컴퓨터가 훨씬 잘하는 계산이나 문제풀이를 하는 대신 컴퓨터를 활용하여 수학적인 개념을 탐구하고, 문제를 구성하는 요소를 깊이 이해하면서 창조적 사고와 분석 능력, 문제해결 능력을 기르는 것이다. 그 과정에서 데이터를 분석하고 활용하는 능력이 키워지는 것은 물론이다. 이러한 교육을 토대로 에스토니아의 수학 과목 점수는 매년 꾸준히 오르고 있다. 2012년 평가에서는 교육 강국 핀란드를 앞질렀다.

4차 산업혁명을 이끌어갈 주역, 데이터 과학자

에스토니아의 사례에서도 알 수 있듯이 디지털 시대에 필요한 인재는 데이터를 분석해 가치를 뽑아낼 줄 아는 능력을 가진 사람이다. 대표적인 직업이 데이터 과학자다. 데이터 과학자는 갖가지 경로로 수집, 축적되는 데이터의 홍수 속에서 일정한 패턴과 상관성을 찾아내고, 그것을 어떻게 활용하는 것이 효과적인지 분석하고 결정하는 일을 한다.

미국의 〈매킨지 보고서〉는 2018년 미국 내 데이터 과학자가 16만 명 부족할 것으로 예측했다. 데이터 과학자라는 직업이 생긴 지 10년이 채 되지 않았지만 그 몸값은 하늘 높은 줄 모르고 오르고 있다. 초임 연봉이 수만 달러에서 수십만 달러로 치솟았고, 여기에 미국 백악관까지 가세해 지난 오바마 정부는 2015년 최초로 정부의 데이터 정책을 총괄하는 수석 데이터 과학자를 행정부에 임명하기도 했다.

미국인들은 데이터 과학자를 '21세기 가장 섹시한 직업'이라고 부른다. 데이터 과학자는 4차 산업혁명이라는 새로운 패러다임 아래 가장 각광받는 직업으로 등장했다.

우리나라 데이터 산업의 일자리 역시 미국처럼 급격히 늘어나고 있지만 인력은 턱없이 부족하다. 데이터 과학자에 대한 수요가 폭발적으로 증가할 것으로 예상되면서 데이터 과학을 배우려는 열기 또한 뜨겁다.

데이터를 통합, 분석하고, 마케팅에 활용하는 국내 데이터 솔루션 전문 회사 엔코아의 경우 데이터 전문가를 양성하기 위한 자체 프로그램을 운영하고 있는데, 이 수업의 경쟁률이 10대 1에 달한다. 이밖

세계경제포럼이 2016년 발표한 자료에 따르면, 2020년까지 210만 개의 새로운 일자리가 만들어진다. 새롭게 생기는 대표적인 일자리는 데이터, 컴퓨터, 수학 분야다.

에도 데이터로 돈을 벌 수 있는 수많은 강의들이 문전성시를 이루고 있고, 오픈 소스 데이터 분석 프로그램을 배우는 공개 모임도 속속 생겨나고 있다.

세계경제포럼이 2016년 발표한 일자리에 관한 통계를 보면, 2020년까지 단순 사무직을 비롯해 720만 개의 일자리가 사라진다고 한다. 그 대신 210만 개의 새로운 일자리가 만들어지는데, 새롭게 생기는 대표적인 일자리는 데이터, 컴퓨터, 수학 분야다. 현재 7세 이하의 어린이가 사회에 나가 직업을 선택할 때가 되면 그들 중 65퍼센트는 지금 존재하지 않는 직업을 갖게 될 것이라고 한다.

그런데 여기서 드는 의문이 하나 있다. 데이터 과학자가 아무리 필요하다 해도 사회 구성원 모두가 데이터를 활용하기 위한 수학 교육, 소프트웨어 교육을 받을 필요가 있을까 하는 점이다. 새로 생기는 일자리에 비해 사라지는 일자리는 너무 많고, 새로운 일자리에 대한 경쟁은 더욱 치열해질 것이 불을 보듯 뻔하다. 결국 모두가 될 수 없는 그 길을 위해 우리는 데이터와 수학에 머리를 파묻어야 하는 것일까?

여기에 대한 해답을 에스토니아의 어린이로부터 들어보자. "저는 축구 선수가 되고 싶어요. 축구를 하는 데 지금 하는 수학 교육이 도움이 될 것 같냐고요? 물론이에요. 축구를 잘하기 위해서도 통계를 비롯한 컴퓨터적 사고가 필요하다고 생각해요."

꼭 데이터 과학자라는 직함을 갖지 않더라도 어디서 어떤 일을 하든 자기 일을 잘 정리해 데이터화해서 부가가치를 만들어내는 역량을 가진 사람이라면 누구나 넓은 의미의 데이터 과학자라고 할 수 있다. 어떤 일을 하더라도 데이터를 이용하면 미래를 예견하는 것이 어느 정도 가능해진다. 만약 장사를 한다면 손님이 언제 많이 올지, 어떤 물건이 많이 팔릴지부터 시작해, 데이터를 활용해 무궁무진한 창의성을 발휘하는 일이 충분히 가능할 것이다.

말하자면 어떤 분야에서든 데이터를 활용할 줄 아는 사람은 '게임 체인저'가 될 수 있다. 게임 체인저란 정해진 룰의 범위 안에서 이기기 위해 노력하기보다 아예 게임의 룰을 통째로 바꿔버리는 사람을 가리키는 말이다.

1, 2, 3차 산업혁명은 누군가가 1을 만들어 놓으면 그걸 N개로 늘려

가는 수평적 확장의 개념이었다. 4차 산업혁명은 아직 아무도 건드리지 않은 0으로부터 1을 만드는 수직적 혁신을 의미한다.

수직적 혁신은 전혀 다른 단계로 바뀌는 것을 의미한다. 예를 들어 우리가 사용하는 저장장치가 비디오테이프에서 CD로, 그리고 USB로 발전한 것처럼, 모방을 통한 확장이 아니라 아무도 아직 건드리지 않은 새로운 것을 만들어내는 창의성이 수직적 혁신이다. 그런 수직적 혁신을 일으키는 이들이 바로 4차 산업혁명 시대가 원하는 인재다.

데이터 과학이 만들어낸 쿠팡의 성공

—

게임 체인저의 예는 가까운 곳에서도 찾을 수 있다. 미국의 과학기술 전문지 《MIT 테크놀로지 리뷰》에서는 매년 세계적 혁신기업을 발표하는데, 50대 스마트 기업에 유일하게 이름을 올린 한국의 기업이 있다. 이들이 뽑는 혁신기업의 조건은 굉장히 까다롭다. '깜짝 놀랄 만큼 세상을 바꿀 만한 기술이 있는가', '기업의 비즈니스 모델이 혁신적인가', '압도적인 창의적 기술로 시장의 근본 틀을 바꿀 기업인가.'

어디일까? 44위에 오른 쿠팡이 바로 그곳이다. 어떻게 글로벌 기업인 삼성이나 엘지가 아닌 국내 스타트업이 세계적 혁신기업들과 어깨를 나란히 할 수 있었을까? 사실 2013년만 하더라도 쿠팡은 소셜커머스 업체들 사이에서 고전을 면치 못했다. 그런데 2년 뒤 매출이 무려

23배나 상승하는 놀라운 일이 벌어졌다.

그 비밀은 쿠팡의 물류센터에 있다. 쿠팡 물류센터에는 일반 물류센터와는 전혀 다른 시스템이 작동한다. 가장 눈에 띄는 것은 포장하기 전 제품의 배치 방식이다. 종류별, 항목별 규칙은 찾아볼 수 없다. 아기들이 갖고 노는 장난감 옆에 식료품인 과자가 놓여 있는 식이다.

"데이터를 분석해보니 여성들이 많이 주문하는 것 중에 여성용품과 식품, 아기용품이 같이 잘 팔리더라고요. 그래서 이렇게 배치했습니다. 데이터 시스템을 기반으로 상품을 진열하고 배치한 덕분에 집품의 효율을 최대한 높여 '로켓 배송'을 진행할 수 있습니다."

쿠팡 관계자의 말처럼, 관련 없는 물건들이 마구잡이로 배열된 것처럼 보이는 속에 데이터 과학이 숨어 있다. 창업 첫해인 2010년 60억 원이었던 쿠팡의 거래액은 2014년 2조 원으로 껑충 뛰었다. 300배 넘게 급증한 비결은 이렇듯 철저한 데이터 분석에 있었다.

데이터에 기반한 독특한 진열 방식은 제품을 고르고 포장하는 데 걸리는 동선과 시간을 효율적으로 줄여준다. 포장이 완료되면 자동 분류 시스템이 정보를 읽어 배송 목적지별로 분류한다. 이 시스템은 트럭의 목적지별 예상물량까지 정확하게 계산한다. 물류 매입부터 배송까지 원스톱 서비스는 데이터 과학이 만든 시스템이다.

소비자에게 제품을 전달하는 과정에도 역시 데이터를 이용한다. '쿠팡맨'이 사용하는 애플리케이션에는 배송 정보가 공유되어 첫 고객인지, 재구매 고객인지, 언제 배송이 약속되어 있는지, 고객의 요청사항이 무엇인지 알 수 있다. 아이가 있는 고객이 배송 시 초인종을 누르지 말아 달라고 요청하면 쿠팡맨은 해당 메시지를 애플리케이션에 등록하여, 다른 쿠팡맨이 해당 가정을 방문해도 벨을 누르지 않도록 하는 식이다. 데이터 과학으로 만들어진 쿠팡맨과 로켓 배송을 통해 2015년 쿠팡의 배송 시스템 만족도는 98퍼센트에 이르렀다. 일반 택배 배송의 만족도 39퍼센트와는 비교 불가의 수치다.

꼴찌에서 일등이 될 수 있었던 쿠팡의 혁신, 그 중심에는 바로 데이터가 있었다. 이를 통해 쿠팡은 미국 실리콘밸리의 투자를 받을 수 있었고, 2015년에는 일본의 IT 기업 소프트뱅크로부터 1조 원이 넘는 투자를 받기도 했다.

대치동이 범접할 수 없는
시골 초등학교의 멋진 교육

미래학자 앨빈 토플러는 2007년 한국을 방문했을 때 "한국 학생들은 미래에 필요하지 않은 지식과 존재하지 않을 직업을 위해 매일 열다섯 시간씩이나 낭비하고 있다"고 일침을 가한 바 있다. 그로부터 10여 년이 흘렀지만 우리의 교육 현실은 그다지 바뀌지 않았다.

미국 미시간 주에서는 초등학교 5학년까지 구구단을 외우는 것을 권장하지 않는다고 한다. 그 이유는 기계적으로 문제를 푸는 것보다 구구단을 못 외운 상태에서 곱하기를 할 때 다양한 방법을 스스로 찾는 과정을 통해 논리적인 사고력이 커질 수 있기 때문이다.

오직 점수로 줄을 세우기 위해 학생을 문제 풀이 기계로 키우는 교육, 암기 위주의 주입식 교육에 여전히 묶여 있는 우리의 교육은 이에 비하면 희망이 없어 보인다.

그런데 놀랍게도 우리나라 시골의 아주 작은 학교에서 희망의 빛줄기를 발견할 수 있었다. 전교생이 80여 명밖에 안 되는 충북 진천의 초평초등학교가 그곳이다. 학생들이 수업하는 모습을 한번 들여다보자.

5학년 학생들의 반에서는 교육용 로봇인 햄스터를 이용하는 수업이 한창이다. 학생들은 능숙하게 프로그램을 짜기 시작한다. 명령어를 프로그래밍해서 햄스터 로봇이 구석구석 청소하게 하는 것이 이날의 과제다. 학생들 스스로 회전 시간, 이동 방법, 방향 바꾸기 등 로봇이 움직일 수 있는 모든 범위를 논리적으로 설계한다. 프로그래밍을 어떻게 하느냐에 따라 결과는 천양지차다.

학생들은 이러한 과정을 반복하면서 로봇 청소기의 작동 원리를 이해하고, 알고리즘, 논리적 사고, 컴퓨터적인 사고를 끊임없이 향상시킨다.

"아이들이 처음에는 프로그램 설치도 잘 못했어요. 처음에는 컴퓨터를 굉장히 낯설어했지요. 이제는 과제를 주면 제가 가르치지 않은 부분까지도 잘 수행해요. 컴퓨터 언어를 이용해 창의적으로 과제를 풀어나가면서 아이들의 컴퓨터적 사고력이 굉장히 많이 늘었어요."

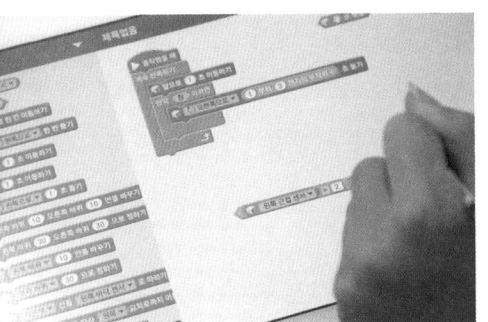

초평초등학교에서 로봇을 이용한 코딩 교육이 한창이다. 로봇이 구석구석을 골고루 청소하도록 프로그래밍하는 것이 이날의 과제다.

초평초등학교 교사의 말처럼 미래 세대를 위한 교육은 작은 시골 학교에 활력을 불어넣고 있다. 에스토니아의 교실 모습과 거의 흡사하다. 심지어 이곳에서는 교육비 걱정을 할 필요가 없다. 초등학교 교육비뿐 아니라 중고등학교, 대학교, 나아가 대학원과 유학까지 모든 교육비를 지역사회가 지원해주고 있기 때문이다.

이 학교는 2008년에 학생 수가 50명까지 줄어들면서 폐교라는 최후통지를 받은 아픈 과거가 있었다. 그런데 2009년 이 마을 주변에 쓰레기 매립장이 들어서면서 주민들이 받은 보상금을 모아 장학재단을 만들었다. 모든 주민이 적게는 몇백만 원, 많게는 몇천만 원의 보상금을 선뜻 내놓은 결과, 초평초등학교 학생들은 우리나라에서 가장 앞선 소프트웨어 교육을 받을 수 있게 되었다.

초평초등학교의 사례에서 알 수 있듯, 4차 산업혁명의 시대에 맞는 교육을 하기 위해서는 모든 사회가 함께 노력해야 한다. 우리나라에서도 2018년부터 초중등학교에 소프트웨어 교육이 의무화된다. 그러나 구태의연한 수학 교육은 그대로 하면서 소프트웨어 교육만 더하는 식은 곤란하다. 교육에 대한 근본적인 고민이 필요하다.

문과, 이과를 나누면서 수학 공부의 범위를 미리 정해버리는 방식에 대해서도 과연 옳은지 심사숙고해야 한다. 한국은 세계에서 문과와 이과를 나누는 거의 유일한 나라다. 소위 문과에 속하는 과목은 상상력을 키워주는 학문인데, 그것이 수학, 데이터 등과 만나 융합할 때 큰 폭발력을 만들어낼 수 있다는 점을 간과해서는 안 된다.

학교를 졸업하는 순간 미분이 무엇인지 통계가 무엇인지 싹 다 잊어버리는 교육이 아니라, 원리를 알아 논리적으로 생각하는 힘을 기르고 자기 분야에 활용할 수 있는 교육이 되어야 한다.

악보를 정확하게 이해하면 원하는 멜로디를 그릴 수 있고 악보만 봐도 멜로디가 떠오르듯이, 수학은 우리의 생각과 논리를 전개하는 하나의 수단이다. 즉 수학을 잘 활용하면 새로운 논리를 만들어낼 수도, 접할 수도, 확장할 수도 있다.

우리는 두 개의 지구에서 살고 있다. 하나는 우리가 발로 딛고 있는 지구이고, 또 다른 지구는 눈에 보이지도 않고 만질 수도 없는 디지털 지구이다. 첫 번째 지구에서 우리가 차지하고 있는 면적은 축구 경기장에 놓인 침대 하나에 불과하지만, 국경이 없는 디지털 지구는 무한하다.

물리적 지구가 무대였던 1, 2, 3차 산업혁명은 좁디좁은 지구에서 물건을 만드는 하드파워 경제를 발전시켜왔다. 하지만 어느덧 우리 앞에 쓰나미처럼 닥친 4차 산업혁명에서 거대한 파도를 헤쳐 나갈 힘은 물리적인 힘이 아니라 상상이라는 총알에, 도전이라는 방아쇠를 당겨, 혁신이라는 거대한 폭발을 일으키는 소프트파워일 것이다.

4차 산업혁명의 주역은 과거를 고집하는 자가 아닌 미래를 상상하는 자다. 상상의 힘으로 거대한 혁신을 만드는 사람. 0을 1로, 낫씽(Nothing)에서 썸씽(Something)을 만들어내는 사람. 이를 위한 교육은 더 넓고 평등하게, 더 새롭고 자유롭게 진행되어야 할 것이다.

수학적 사고와 데이터 마인드를 갖춰야 살아남는다

손현철 PD

'앞으로 우리 아이들에게 어떤 교육을 해야 합니까?'

녹화 때 미래참여단의 한 학부모가 던진 질문이다. 4차 산업혁명의 쓰나미로 2020년까지 15개 선진국에서 700만 개의 기존 일자리가 사라지고 그 반도 안 되는 200만 개의 새 일자리가 생긴다고 하니, 자식을 둔 부모의 불안과 염려에서 당연히 나올 수밖에 없는 절박한 물음이었다. 갓 대학에 입학한 딸을 둔 나 역시 학부모로서 같은 고민을 가지고 있었다. 프로그램 역시 그런 문제의식에서 출발했다.

먼저 신생 기업과 인재 채용에 어떤 변화가 있는지 알기 위해 전문가들을 만나고 관련 매체를 찾아봤다. 4차 산업혁명의 선두에 있는 미국과 유럽에서 데이터 기술 관련 기업이 급증하는 추세였다. 2015년 이후 선진국의 신생 벤처기업들은 대부분 데이터 기반 업체들이었다. 미국의 데이터 관련 기업은 2011년 150개에서 2016년 3800여 개로 늘어났다. 당연히 데이터 전문 인력 수요도 늘어났다. 2016년 1월 미국의 취업전문 사이트 글래스도어는 1700개 직업 중 미래 최고의 직업으로 데이터 과학자를 선정했다. 평균 연봉 1억 3000만 원, 미국 내 상위권 소득이다. 2011년 매킨지는 2018년까지 미국 내에서만 150만 명의 데이터 관련 전문가가 필요할 것으로 예측했다.

더욱 상징적인 사례도 보였다. 2015년 2월 오바마 대통령이 패틸 박사를 미국 행정부 최초의 수석 데이터 과학자로 임명했다. 그의 임무는 미국 정부가 생산하고 관리하는 방대한 데이터를 분석해 정책을 수립하는 것이다. 기업과 마찬가지로 정부도 축적된 데이터를 미래 자본으로 활용하는 일에 뛰어들었다.

오죽하면 알리바바의 마윈 회장이 "우리는 새로운 에너지 시대에 진입하고 있다. 이 시대의 핵심 자원은 석유가 아니라 데이터다. 미래의 데이터는 일종의 생산자원이며, 미래의 생산력은 바로 데이터를 처리하는 컴퓨팅 능력에 달려 있다"고 말했을까.

그런데 놀랍게도 국내 대학에 개설된 데이터 전문학과는 손에 꼽을 정도다. 국내 굴지의 한 데이터솔루션 업체는 적합한 능력을 갖춘 인력을 채용하기가 어려워지자, 자체 데이터 아카데미를 개설해서 수료한 사람 중 성적이 우수한 사람을 뽑아 쓴다. 왜 이런 인력 수급 지체 현상이 일어날까? 결국 교육의 문제였다.

4차 산업혁명 시대의 원유인 데이터를 분석하고 통찰을 이끌어내는 능력은 어디에서 나올까 하는 의문이 자연스럽게 들었다. 전문가들은 수학적이고 논리적인 사고방식이 가장 중요하다고 말한다. 수학이라니? 중고등학교 과정에서 수학을 포기하는 소위 '수포자'가 반을 훨씬 넘는 나라에서 데이터 마인드를 키우는 교육이 가능하기나 할까?

미래 사회 적응력을 높이기 위해 학생들을 가장 잘 교육하는 나라가 어디일까 찾아봤다. 그러던 중 세계 최초로 컴퓨터 기반 수학 교육을 시작한 에스토니아가 눈에 띄었다. 이곳에서는 학생들의 데이터 마인드를 키우기 위해, 컴퓨터 프로그램을 실행하면서 통계와 확률을 가르친다. 1991년 구소련에서 독립해 20여 년 만에 1인당 GNP가 열다섯 배 늘어난 나라, 북유럽의 실리콘밸리라고 불리면서, 세계적인 영상통화 앱 스카이프를 만들어낸 나라다.

에스토니아의 유치원부터 초중고등학교 과정이 합쳐진 김나지움까지 여러 곳의 학교, IT 융합교육지원 단체, 교육부 등을 취재했다. '스카이프 마피아'라고 불리는 스카이프 출신들이 창업한 데이터 기반 스타트업들도 만났다. 인구 130만 명밖에 안 되는 이 작은 나라는 디지털 시민권을 발급해 전 세계의 창의적인 사업가들을 끌어모으고 있었다.

국내에서는 온라인 커뮤니티 중심의 데이터 교육 열풍을 취재했다. 이들은 대학 정규 교육과정에서 배울 수 없는 데이터 처리, 분석 방법을 오픈소스 프로그램을 활용해서 서로 토론하면서 학습한다. 이들은 또 정기적으로 오프라인 모임을 열고 전문가를 초청해서 강의를 듣고 정보를 교환한다. 우리가 취재한 한 모임은 십대들의 아이돌 팬 사인회처럼 열기가 뜨거웠다. 강연과 발표 내내 제도권 교육이 해주지 못하는 것을 스스로 찾아서 하는 열정, 변화하는 시대에 뒤떨어질지도 모른다는 절박함이 느껴졌다.

국내의 수학 교육을 바꿔보려는 작은 노력들도 발견했다. 삼성화재 부사장직을 그만두고 수학 교육 혁명 전도사가 된 조봉한 박사와 함께 새로운 수학 교육의 가능성을 시험해봤다. 인공지능을 전공한 조 박사는, 한국의 수학 교육이 개념 이해도 없이 문제 풀이만 무한 반복시키는 '수포자' 양산 시스템이라고 비판한다. 그는 원리 이해를 바탕으로 순차적, 합리적으로 문제를 해결하는 수학적 사고 체화 교육이 4차 산업혁명 시대에 가장 시급하다고 역설한다. 제대로 된 수학 교육은 학생들이 세상의 변화와 사물들의 관계를 정량적으로 이해하는 재미를 느끼게 한다. 제작팀은 수원의 한 초등학교 학생들에게 조 박사가 개발한 수학 교육 프로그램으로 미적분의 원리를 가르쳐 보았다. 4주 동안 총 열두 시간을 놀이기구와 그림으로 재미있게 공부하고 난 뒤 수학을 전공하는 서울대생과 함께 수능문제를 풀어보게 했다. 결과는 놀라웠다. 초등학생들은 미적분의 공식을 알지도 못하면서 그 문제에 담긴 의미를 읽고 답을 찾아냈다.

미국은 4차 산업혁명이 본격적으로 구체화한 21세기 들어 학생들에게 과학, 기술, 공학, 예술, 수학을 융합적으로 가르치는 융합인재교육(STEAM)을 시작했다. 미래 사회는 수학적 사고방식을 바탕에 깔고 그 위에 과학, 기술, 공학 문제를 해결할 줄 아는 인재를 원한다. 그런데 우리는 아직도 서열이 높은 대학에 아이들을 밀어 넣기 위해 기계적인 문제 풀이 위주의 수학을 가르치며 학생 대부분을 수포자로 만든다. 수포자가 아닌 학생들도 대부분은 대학에 합격하는 순간 지긋지긋한 수학을 머릿속에서 지워버린다.

방송이 나간 후 프로그램에서 소개한 데이터 아카데미를 운영하는 업체에서 전화가 왔다. 평소보다 수강생이 몇 배나 늘었다는 것이다. 데이터 과학자에 대한 관심과 인식이 조금이나마 높아진 것이다. 조봉한 박사의 수학 프로그램에도 교육계의 관심이 많아졌다. 하루아침에 교육 과정이 바뀌지는 않겠지만 학생, 학부모, 교육자, 정책 담당자들이 우리 교육의 미래 효용성에 대해 작은 문제의식이나마 가지게 됐으니 다행이라는 생각이 들었다. 4차 산업혁명에 걸맞는 교육 혁신은 이미 선진국을 중심으로 발 빠르게 진행되고 있다. 우리의 교육 과정을 과감하게 바꾸지 않으면 우리 아이들은 선진국 미래 세대와의 경쟁에서 영영 뒤처질지 모른다.

| 사진 출처 |

4 Rob Wilson/shutterstock · 18 Flat Design/shutterstock · 31 좌우 연합뉴스 · 34 좌우 연합뉴스 · 38 Matt Rourke/AP File Photo · 55 MicroOne/shutterstock · 78 좌 Serendipty 3 · 78 우 KBS · 95 Kerdkanno/shutterstock · 113 좌 Encore.org · 113 우 LifeMoves · 131 7 pips/shutterstock · 147 좌우 Eric Johnston · 161 Billion Photos/shutterstock · 165 좌우 KBS · 179 좌 AbideDude · 179 우 KBS · 194 GrandeDuc/shutterstock · 199 좌 NYSCI · 199 우 Chitra Sethi · 201 좌우 MegaBots Inc · 217 좌우 KBS · 232 MidoSemsem/shutterstock · 235 좌우 Sue Savage-Rumbaugh · 237 좌우 KBS · 255 좌우 KBS · 267 Ink Drop/shutterstock · 269 KBS · 271 오마이뉴스 · 276 좌우 KBS · 278 좌우 KBS · 287 좌우 KBS

*크레딧 표시가 되지 않은 건 대부분 셔터스톡 제공 사진입니다.

| 더 볼거리 |

정치

1장 · 당신은 합의의 기술을 가졌는가

〈KBS 명견만리〉, '사용후핵연료, 1만 5천 톤의 경고', 2016.10.7 방송.

《공정사회와 갈등관리 1, 2》, 박중훈 · 류현숙 편저, 2011.

《공정사회와 갈등관리 4》, 은재호 편저, 2013.

《더 나은 세계화를 말하다》, 대니 로드릭 저, 제현주 역, 2011.

《복지 정치의 두 얼굴》, 안상훈 등저, 2015.

2장 · 이제 정치에 대해, 그 어떤 것도 예측하지 마라

《듣도 보도 못한 정치》, 이진순 등저, 2016.

《어떻게 바꿀 것인가》, 강원택 저, 2016.

《정치의 미래》, 매일경제 미래경제보고서팀 저, 2016.

생애

3장 · 120세 쇼크, 새로운 생애지도가 필요하다

《나이 듦 수업》, 고미숙 등저, 2016.

《빅 시프트》, 마크 프리드먼 저, 한주형·이형종 공역, 2015.

《은퇴가 없는 나라》, 김태유 저, 2013.

4장 · 셀프부양 시대, 우리는 준비할 수 있는가

《40대가 미리보는 하류노인 행복노인》, 미우라 아츠시 저, 오용균 역, 2016.

《복지 정치의 두 얼굴》, 안상훈 등저, 2015.

직업 | **5장 · 자신이 경영하는 사업, 그 자부심을 넘치게**

《골목 사장 분투기》, 강도현 저, 2012.

《도시의 역설, 젠트리피케이션》, 정원오 저, 2016.

《뜨는 동네의 딜레마, 젠트리피케이션》, DW 깁슨 저, 김하현 역, 2016.

《버니 샌더스의 정치 혁명》, 버니 샌더스 저, 홍지수 역, 2015.

《버니 샌더스의 모든 것》, 버니 샌더스 저, 이영 역, 2015.

《서울, 젠트리피케이션을 말하다》, 신현준 · 이기웅 공편, 2016.

《한계가족》, 김광수경제연구소 저, 2013.

6장 · 정답사회의 한계, 덕후들이 바꾼다

《3차 산업혁명》, 제러미 리프킨 저, 안진환 역, 2012.

《노동의 종말》, 제러미 리프킨 저, 이영호 역, 2005.

《덕후거나 또라이거나》, 대학내일20대연구소 편저, 2014.

《사회적 기업》, 양준호 저, 2011.

《일의 미래, 무엇이 바뀌고 무엇이 오는가》, 선대인 저, 2017.

《잡노마드 사회》, 군돌라 엥리슈 저, 이미옥 역, 2016.

《톰 피터스의 미래를 경영하라》, 톰 피터스 저, 정성묵 역, 2005.

《협동조합, 참 좋다》, 김현대 · 하종란 등저, 2012.

탐구 | **7장 · 호기심 격차 시대가 열렸다**

《큐리어스》, 이언 레슬리 저, 김승진 역, 2014.

〈취재파일 K〉, '한국 기초과학, 연구비는 있지만 창의성은 없다', 2016.10.16 방송.

〈취재파일 K〉, '노벨상 연속 수상, 150년 일본과학의 저력', 2016.10.16 방송.

8장 · 4차 산업혁명은 어떤 인재를 원하나

《시작된 미래e》, EBS 코딩 소프트웨어 시대 · 링크 소프트웨어 세상 제작팀 저, 2017.

《쿠팡, 우리가 혁신하는 이유》, 문석현 저, 2017.

'디지털의 모범국가 'e-스토니아'', 《뉴스위크 한국판》 1230호.

〈KBS스페셜〉, '카운트다운 4차 산업혁명', 2016.1.21 방송.

| 〈명견만리〉를 만든 사람들 |

기획 박복용
책임프로듀서 송웅달

1장 · 당신은 합의의 기술을 가졌는가
　　　연출 공용철
　　　작가 민혜진, 이지현

2장 · 이제 정치에 대해, 그 어떤 것도 예측하지 마라
　　　연출 배선정, 이현정
　　　작가 민혜진, 김선하

3장 · 120세 쇼크, 새로운 생애지도가 필요하다
　　　연출 양승동, 이지윤
　　　작가 정윤미, 민혜진, 송준화, 이지현, 김선하

4장 · 셀프부양 시대, 우리는 준비할 수 있는가
　　　연출 김대현
　　　작가 정윤미, 정은총

5장 · 자신이 경영하는 사업, 그 자부심을 넘치게
　　　연출 조애진
　　　작가 정윤미, 송준화

6장 · 정답사회의 한계, 덕후들이 바꾼다
　　　연출 양승동, 김대현
　　　작가 정윤미, 이지현, 정은총

7장 • 호기심 격차 시대가 열렸다

연출 배선정, 이현정
작가 정윤미, 유수진

8장 • 4차 산업혁명은 어떤 인재를 원하나

연출 손현철
작가 유수진

리서처 이근영, 송아람, 김나연
조연출 이지선, 박태영, 정선혜
유닛매니저 최철
명견만리 미래참여단 서포터즈 이룸
도움 이정호

독서참여단(가나다순)

강유정, 고태석, 권기옥, 김동찬, 김미희, 김민수, 김상일, 김지인, 김지현, 김태영, 김현정, 박상우, 박연주, 박영희, 박은주, 박재우, 박준성, 박지승, 박현진, 배지원, 서정현, 서주현, 손강희, 손웅비, 송서윤, 송지미, 안태규, 원규희, 유여진, 이상연, 이언숙, 이영주, 이은정, 이은진, 이인희, 이정연, 이태린, 이희진, 임지혜, 정진우, 조기숙, 조대희, 조농수, 소미순, 조희징, 차효석, 최평은, 한혜성, 황수빈, 황정옥

명견만리

향후 인류에게 가장 중요한 것들을 말하다

· 인구, 경제, 북한, 의료 편 ·

명견만리
미래의 기회 편

우리가 준비해야 할 미래의 기회를 말하다

· 윤리, 기술, 중국, 교육 편 ·

명견만리 새로운 사회 편 정치, 생애, 직업, 탐구 편

초판 1쇄 발행 2017년 6월 5일
초판 18쇄 발행 2018년 11월 26일

지은이	KBS 〈명견만리〉 제작팀		
발행인	문태진		
본부장	김보경		
책임편집	임지선	편집2팀	김예원 임지선 정다이
표지디자인	석운디자인	본문디자인	윤지예 박보희
글도움	배영하 이정은		

편집부장	서금선		
기획편집팀	김혜연 박은영 이희산	디자인팀	이현주
마케팅팀	양근모 이석원 김자연 김은숙 이주형		
경영지원팀	노강희 윤현성 이지복 이보람 유상희		
강연팀	장진항 조은빛 강유정 신유리		

펴낸곳	㈜인플루엔셜
출판신고	2012년 5월 18일 제300-2012-1043호
주소	(06040) 서울특별시 강남구 도산대로 156 제이콘텐트리빌딩 7층
전화	02)720-1034(기획편집) 02)720-1024(마케팅) 02)720-1042(강연섭외)
팩스	02)720-1043 전자우편 books@influential.co.kr
홈페이지	www.influential.co.kr

ⓒ KBS 한국방송공사, 2017
본 책자의 출판권은 KBS미디어㈜를 통해 KBS와 저작권 계약을 맺은 인플루엔셜에 있습니다.

ISBN 979-11-86560-43-3 (04320)
(SET) 979-11-86560-21-1 (04320)

이 도서의 국립중앙도서관 출판예정도서목록(CIP)은 서지정보유통지원시스템 홈페이지(seoji.nl.go.kr)와 국가자료공동목록
시스템(www.nl.go.kr/kolisnet)에서 이용하실 수 있습니다. (CIP제어번호 CIP2017011779)

* 인플루엔셜은 세상에 영향력 있는 지혜를 전달하고자 합니다. 이에 동참을 원하는 독자 여러분의 참신한 아이디어와 원고
  를 기다립니다. 한 권의 책으로 완성될 수 있는 기획과 원고가 있으신 분은 연락처와 함께 letter@influential.co.kr로 보내
  주세요. 지혜를 더하는 일에 함께하겠습니다.